초등 문해력
향상 프로그램
어휘편

어휘가 보여야
문해력이 자란다

문해력 잡는
초등 어휘력

C-3 단계

• 초등 5~6학년 •

초등교과서에 나오는 과목별 학습개념어 총망라
★ 문해력 183문제 수록! ★

이울북

문해력의 기본,
왜 초등 어휘력일까?

21세기 교육의 핵심은 문해력입니다. 국어 사전에 따르면, 문해력은 '문자로 된 기록을 읽고 거기 담긴 정보를 이해하는 능력'입니다. 여기에 더해 글을 비판적으로 읽고 자신만의 관점을 가지는 것 역시 문해력이지요. 그러기 위해서는 문장을 이루고 있는 어휘의 뜻을 정확히 알고, 해당 어휘가 글 속에서 어떤 역할을 하고 있는지 깨닫는 과정이 필요합니다.

초등학교 3~4학년 시절 아이들이 배우고 쓰는 어휘량은 7,000~10,000자 정도로 급격하게 늘어납니다. 그중 상당수가 한자어입니다. 그렇기에 학년이 올라가면서 교과서와 참고서, 권장 도서 들을 받아드는 아이들은 혼란스러워 합니다. 해는 태양으로, 바다는 해양으로, 세모는 삼각형으로, 셈은 연산으로 쓰는 경우가 부쩍 늘어납니다. 땅을 지형, 지층, 지상, 지면, 지각처럼 세세하게 나눠진 한자어들로 설명합니다. 분포나 소통, 생태처럼 알 듯 모를 듯한 어려운 단어들이 불쑥불쑥 등장하기 시작합니다.

우리말이니까 그냥 언젠가 이해할 수 있겠지 하며 무시하고 넘어갈 수는 없습니다. 초등학교 시절의 어휘력은 성인까지 이어지니까요. 10살 정도에 '상상하다'나 '귀중하다'와 같이 한자에서 유래한 기본적인 어휘의 습득이 마무리된다는 연구 결과를 내놓은 학자도 있습니다. 반대로 무작정 단어 뜻을 인터넷에서 검색하고 영어 단어를 외우듯이 달달 외우면 해결될까요? 당장 눈에 보이는 단어 뜻은 알 수 있지만 다른 문장, 다른 글 속에 등장한 비슷한 단어의 뜻을 유추하는 능력은 길러지지 않습니다. 문해력의 기초가 제대로 다져지지 않는다는 의미입니다.

결국 자신이 정확하게 알고 있는 단어를 통해 새로운 단어의 뜻을 짐작하며 어휘력을 확장시켜 가는 게 가장 좋습니다. 어휘력이 늘어나면 교과 개념을 정확하게 이해하고, 학습 내용도 빠르게 습득할 수 있지요. 선생님의 가르침이나 교과서 속 내용이 무슨 뜻인지 금방 알 수 있으니까요. 이 힘이 바로 문해력이 됩니다. 〈문해력 잡는 초등 어휘력〉은 어휘력 확장을 통해 문해력을 키우는 과정을 돕는 책입니다.

정춘수 기획위원

문해력 잡는 단계별 어휘 구성

〈문해력 잡는 초등 어휘력〉은 사용 빈도수가 높은 기본 어휘(씨글자)240개와 학습도구어와 교과내용어를 포함한 확장 어휘(씨낱말) 260개로 우리말 낱말 속에 담긴 단어의 다양한 뜻을 익히고 이를 통해 문해력을 키우는 프로그램입니다. 한자의 음과 뜻을 공유하는 낱말끼리 어휘 블록으로 엮어서 한자를 모르는 아이도 직관적으로 그 관계를 파악할 수 있습니다. 초등 기본 어휘와 어휘 관계, 학습도구어, 교과내용어 12,000개를 예비 단계부터 D단계까지 전 24단계로 구성해 미취학 아동부터 중학생까지 수준별 학습이 가능합니다. 어휘의 어원에 따라 자유롭게 어휘를 확장하며 다양한 문장을 구사하는 능력을 기르는 동안 문장 사이의 뜻을 파악하는 문해력은 자연스럽게 성장합니다.

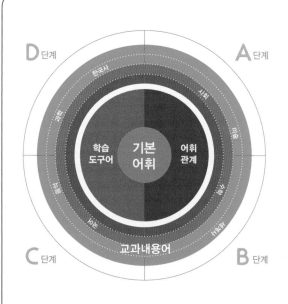

기본 어휘
초등 교과서 내 사용 빈도수가 높고, 일상적인 언어 활동에서 기본이 되는 어휘

어휘 관계
유의어, 반의어, 동음이의어, 도치어, 상하위어 등 어휘 사이의 관계

학습도구어
학습 개념을 이해하고 논리적으로 설명하는 과정에 쓰이는 도구 어휘

교과내용어
국어, 수학, 사회, 과학, 한국사, 예체능 등 각 교과별 학습 내용을 정확히 이해하는 데 필요한 개념 어휘

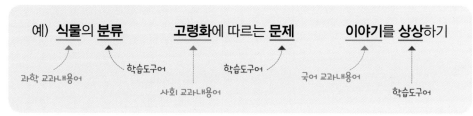

어휘력부터 문해력까지, 한 권으로 잡기

씨글자 | 기본 어휘

기본 어휘
하나의 씨글자를 중심으로
어휘를 확장해요.

씨낱말 | 학습도구어

확장 어휘 - 학습도구어
둘 이상의 어휘 블록을
연결하여 씨낱말을 찾고
어휘를 확장해요.

씨낱말 | 교과내용어

확장 어휘 - 교과내용어
둘 이상의 어휘 블록을
연결하여 씨낱말을 찾고
어휘를 확장해요.

어휘 퍼즐

어휘 퍼즐
어휘 퍼즐을 풀며 익힌 어휘를
다시 한번 학습해요.

종합 문제

종합 문제
종합 문제를 풀며
어휘를 조합해 문장으로
넓히는 힘을 길러요.

문해력 문제

문해력 문제
여러 어휘로 이루어진 문장의 의미를
파악하고 글의 맥락을 읽어 내는
문해력을 키워요.

1장

1회 ___월 ___일

最
가장 최
나도 최고 중의
최고가 될 거야_6

單
하나 단
단숨에 날아와
단칼에 날려 버려_12

2회 ___월 ___일

明
밝을 명
와! 꼭 조명을
켠 것처럼 밝아_18

見
볼 견
많이 보고 들어야
견문이 넓어지지_24

3회 ___월 ___일

發
낼 발
빛이 반짝 발광,
열이 후끈 발열_30

展
펼칠 전
신기한 것들이
펼쳐진 전시장_36

4회 ___월 ___일

표시
가격 표시,
의사 표시_42

용량
더 담을 수 있게 용량을
크게 크게_48

증감
체중이 증가하면, 음식을
증감해야지!_44

포유류
강아지도 나도
포유류_50

5회 ___월 ___일

참여
함께 참여해 봐요!_54

초월
훌쩍 뛰어넘는
초월_60

주변
주변과 주위를
둘러 봐!_56

지식
배우거나 겪어서 지식을
쌓아요_62

6회 ___월 ___일

거래
거래가 활발한
오일장_66

병환
아프면 근심이 생기는
병환_68

어휘 퍼즐 72

나도 최고 중의 최고가 될 거야

最 가장 최

최고(最高)는 가장 높다는 말이죠? 최(最)에는 '가장, 제일'이라는 뜻이 있으니까요. 최고가 있으면 최저도 있겠죠?

최고 속도 제한

최저 속도 제한

이것은 도로에서 볼 수 있는 속도 제한 표시예요. 이 도로에서 낼 수 있는 가장 높은 속도는 시속 90km, 가장 낮은 속도는 시속 30km라는 뜻이에요.

그럼 최저는 '가장 낮다'는 뜻이겠지요.
최고를 뜻하는 것에는 어떤 말들이 있는지 빈칸을 채워 봐요.
에베레스트산은 세계 □고봉,
파도가 가장 높은 상태는 □고조.
빈칸에 들어갈 말은 각각 최고봉, 최고조예요.
최고봉은 가장 높은 봉우리예요.
어떤 분야에서 최고가 된 사람도 그 분야의 최고봉이라고 해요.
최고조는 감정이나 분위기가 가장 높아진 것을 가리킬 때에도 쓰지요.

最 가장 최

■ 최고(最 高높을 고)
가장 높음
■ 최저(最 低낮을 저)
가장 낮음
■ 최고봉(最 高 峰봉우리 봉)
가장 높은 봉우리 / 어떤 분야에서 최고인 사람
■ 최고조(最 高 潮파도 조)
파도가 가장 높은 상태 / 감정이나 분위기가 가장 높아진 때

6

최단은 가장 짧다는 뜻이에요. 최단 거리는 가장 짧은 거리, 최단 시간은 가장 짧은 시간이지요. 육상 단거리 선수들은 저마다 100m를 최단 시간에 달려서 최단 기록을 세우려고 애쓰거든요.

그럼 가장 길다는 말은 무엇일까요? '길 장(長)'이 들어간 최장이죠.

영국의 철학자 벤담은 '최대한 많은 사람이 최대한 많은 행복'을 누리는 사회가 좋은 사회라고 주장했어요. 이것을 '□□ 다수의 □□ 행복'이라고 하지요.

빈칸에 들어갈 말은 무엇일까요? 맞아요. 답은 최대죠.

그럼 최대의 반대말은? 맞아요. 가장 작다는 뜻의 최소예요.

최대와 최소의 뜻을 생각하면서 다음 빈칸을 채워 볼까요.

가장 크게 만드는 것은 □□화,

가장 작게 만드는 것은 □□화.

일정한 조건에서 가장 큰 한도는 □□한,

일정한 조건에서 가장 작은 한도는 □□한.

답은 최대, 최소, 최대, 최소예요.

조선 시대 과거 시험 □□□ 합격자는 만 13세였다고 해요.
빈칸에 가장 알맞은 말은 무엇일까요? (   )

① 최연소   ② 최고령   ③ 최첨단   ④ 최약체

정답은 ①번, 최연소예요. 가장 나이가 어리다는 말이죠. 반대로 가장 나이가 많은 것은 최고령이라고 해요.

最   가장 최

■ **최단**(最 最 短짧을 단)
가장 짧은

■ **최장**(最 最 長길 장)
가장 긴

■ **최대**(最 最 大큰 대)
가장 큰

■ **최대화**(最 最 大 化될 화)
가장 크게 되는 것

■ **최대한**(最 最 大 限한도 한)
가장 큰 한도

■ **최소**(最 最 小작을 소)
가장 작은

■ **최소화**(最 最 小 化)
가장 작게 되는 것

■ **최소한**(最 最 小 限)
가장 작은 한도

■ **최연소**(最 最 年나이 연 少어릴 소)
나이가 가장 어린

■ **최고령**(最 最 高 齡나이 령)
연령이 가장 많은

🔔 조선 시대 과거 시험 최연소 합격자는 고종 3년인 1866년에 합격한 이건창이라는 사람이에요.

최상은 수준이나 등급의 가장 위라는 말이에요.
그래서 아주 좋다는 말로도 자주 쓰잖아요. 기분이 최상
이면 기분이 아주 좋다는 말이죠. 상품이 최상이면 가장
높은 등급의 좋은 상품이겠고요.

저 오늘 컨디션
최상이거든요?

최상의 반대말이 될 수 <u>없는</u> 것은 무엇일까요? (   )

① 최저   ② 최하   ③ 최적   ④ 최악

정답은 ③번이죠. 최적은 가장 적당하다는 뜻이에요. 수준이나 등
급이 가장 낮을 때, 최저 또는 최하라는 말을 써요. 가장 나쁘다는
뜻으로는 최악이라고도 하지요.

뱃살 빼는 데는
윗몸 일으키기가
최선이야.

꾸준히 하는 게
최선이겠지.

선(善)에는 착하다는 뜻 이외에 좋다는 뜻도 있어요. 그래서 최선은
가장 좋다는 뜻이에요. 가장 좋은 방법은 최선책이지요.

최선책 다음으로 좋은 방법을 무엇이라고 할까요? (   )

① 최중책   ② 차선책   ③ 다음책   ④ 차방책

정답은 ②번, 차선책이에요. 차선은 다음으로 좋은 것을 뜻하죠.
빈칸을 채우면서 다른 낱말을 알아볼까요?
몸이 약한 것이 약체이니, ☐약체는 실력이 가장 약한 조직을 뜻
해요. 반대로 가장 실력이 강할 때는 ☐강이라고 하죠.
정답은 최약체, 최강이에요.

最 **가장 최**

■ **최상**(最 上위 상)
수준이나 등급의 가장 위
■ **최적**(最 適적당할 적)
가장 적당한
■ **최하**(最 下아래 하)
= **최저**(最 低낮을 저)
수준이나 등급의 가장 아래
■ **최악**(最 惡나쁠 악)
가장 나쁜
■ **최선**(最 善좋을 선)
가장 좋은
■ **최선책**(最善 策방법 책)
가장 좋은 방법
■ **차선**(次다음 차 善)
다음으로 좋은
■ **차선책**(次善策)
다음으로 좋은 방법
■ **최약체**(最 弱약할 약 體몸 체)
가장 약한 조직
■ **최강**(最 强강할 강)
가장 강한

最 가장 최

최초의 수학자는 고대 그리스의 탈레스와 그의 제자 피타고라스라고 하지요. 최초는 가장 처음이라는 뜻이에요. 이렇게 시간의 순서를 나타낼 때도 최(最)를 써요.

가장 마지막은 □후예요. 최후가 지나면 아무것도 남지 않겠죠?
□종은 순서나 단계의 가장 나중을 뜻하고요.

내가 지구 **최고**의 동물이 아닐까?

설마 바퀴벌레가 가장 멋져서? 아니에요. 여기서는 최고(最高)가 아니라 최고(最古)를 말한 거예요. '오래될 고(古)'니까, 가장 오래되었다는 뜻이지요. 실제로 바퀴벌레는 지구 상에서 가장 오래된 동물 중 하나라는 사실!

지금으로부터 가장 가까운 시간은 최근이라고 해요. 비슷한 말로는 요즈음이라고 하지요.

- **최초**(最 初처음초)
  가장 처음
- **최후**(最 後뒤후)
  가장 마지막
- **최종**(最 終마칠종)
  일의 가장 나중
- **최고**(最 古오래될고)
  가장 오래된
- **최근**(最 近가까울근)
  지금과 가장 가까운 때
- **최신**(最 新새로울신)
  가장 새로운
- **최첨단**
  (最 尖뾰족할첨 端끝단)
  가장 앞부분의 뾰족한 끝, 시대나 유행의 맨 앞
- **최우선**
  (最 于~에우 先먼저선)
  가장 먼저, 가장 중요한

빈칸에 공통으로 들어갈 가장 알맞은 말은 무엇일까요? (   )
'이 휴대 전화는 □□형이야.', '이 옷이 □□ 유행이라니까.'

① 최후   ② 최종   ③ 최신   ④ 최강

최첨단

정답은 ③번이에요. 최신은 가장 새롭다는 말이잖아요.
최신보다 더 새롭다는 걸 강조하려면 최첨단이라고 하면 돼요.
첨단은 물건의 가장 앞부분에 있는 뾰족한 끝을 가리켜요.
그래서 시대나 유행의 맨 앞을 뜻하지요.
최우선은 가장 앞에 두고 중요하게 여긴다는 말이에요.

| 최고 | 최저 | 최단 | 최장 | 최대 | 최연소 |
| 최적 | 최선 | 최초 | 최후 | 최종 | 최첨단 |

最
가장 최

| 최고 |
| 최저 |
| 최고봉 |
| 최고조 |
| 최단 |
| 최장 |
| 최대 |
| 최대화 |
| 최대한 |
| 최소 |
| 최소화 |
| 최소한 |
| 최연소 |
| 최고령 |
| 최상 |
| 최적 |

❶ 공통으로 들어갈 한자를 따라 쓰세요.

고
저 — 고 봉
대

最
가장 최

첨 단
상
악
종

❷ 어떤 낱말에 대한 설명인지 쓰세요.

1) 가장 낮음 ➡ ☐☐

2) 가장 긴 ➡ ☐☐

3) 가장 좋은 방법 ➡ ☐☐☐

4) 수준이나 등급의 가장 위 ➡ ☐☐

5) 가장 먼저, 가장 중요한 ➡ ☐☐☐

❸ 알맞은 낱말을 찾아 문장을 완성하세요.

1) 이 도로의 ☐☐ 속도는 100km니까 과속하지 않도록 주의하세요.

2) 오늘 내 기분은 ☐☐ (이)야. 선생님께 야단 맞고, 엄마께도 혼났거든.

3) 아무도 가보지 않은 달나라에 간 ☐☐ 의 사람은 루이 암스트롱이야.

4) 올해 우리나라 축구팀의 전력은 ☐☐ (이)다.

5) 이번 달 용돈이 부족해. 씀씀이를 ☐☐☐ (으)로 줄여야겠어.

4 문장에 어울리는 낱말을 골라 ○표 하세요.

1) 민수는 자기가 게임에서는 (최고 / 최초)라고 생각해.

2) 마라톤의 (최장 / 최단) 기록은 2시간 5분대야.

3) 이건 (최첨단 / 최상품) 한우 갈비 선물 세트야.

4) 바나나가 자랄 수 있는 (최신 / 최적) 온도는 연평균 섭씨 11~16℃다.

5) 무엇보다 안전이 (최우선 / 최선책)이지.

최하
최저
최악
최선
최선책
차선
차선책
최약체
최강
최초
최후
최종
최고
최근
최신
최첨단
최우선

5 빈칸에 공통으로 들어갈 알맞은 낱말을 고르세요. (   )

> • 이순신 장군은 전쟁터에서 □□(을)를 마쳤다.
> • 내일까지 출근하지 않으면 해고하겠다는 □□ 통첩을 받았다.

① 최고   ② 최후   ③ 최저   ④ 최신

6 다음 중 반대말끼리 짝 지어진 것이 <u>아닌</u> 것을 고르세요. (   )

① 최고 – 최저   ② 최대화 – 최소화
③ 최강 – 최약   ④ 최초 – 최신

單
하나 단

단숨에 날아와 단칼에 날려 버려

□칼에 날려 버려요!

가요!

위 그림의 빈칸에 가장 알맞은 말은 무엇일까요? (　　　)

① 날　　　② 단　　　③ 담　　　④ 탄

정답은 ②번, 단이에요. 단(單)은 '하나'라는 뜻이에요. 식구들을 먹여 살리기 위해, 밭에 나가 여러 날을 홀로 일한다는 데서 나온 글자이지요. 혼자 일한다는 것에서 하나라는 뜻을 갖게 된 것이죠.

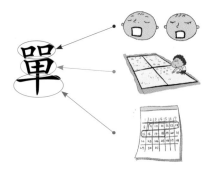

한 층만 있는 집은 단층집, 한 가지 색으로만 되어 있으면 단색, 숨 한 번에 곧장 일을 해치우면 단숨에 한 것이죠.

그럼 단(單)이 들어가는 말로 다음 빈칸을 채워 볼까요?

두 번이 아니고 한 번이면 □□에,

한 판으로 승부를 내는 것은 □□ 승부,

칼을 한 번 휘둘러 무를 자르면 □□에 무를 자르는 거죠.

답은 순서대로 단번, 단판, 단칼이에요.

單　하나 단

■ 단층(單 層층층)
일층

■ 단색(單 色색깔 색)
한 가지 색깔

■ 단(單)숨에
쉬지 않고 곧장

■ 단번(單 番차례 번)에
단 한 번에

■ 단(單)판 승부
한 판에 승부를 내는 것

■ 단(單)칼에
단 한 번 쓰는 칼 / 단 한 번에

🔔 혈혈단신

혈혈단신(孑 외로울 혈 孑 單 身몸 신)은 의지할 곳 없이 외로운 홀몸을 말해요.

난 봉우리가 하나야.

왼쪽 낙타의 이름은 무엇일까요? ( )

① 한봉낙타 ② 일봉낙타
③ 단봉낙타 ④ 고봉낙타

■ **단봉**(單 峰봉우리 봉)**낙타**
봉우리 모양의 혹이 하나뿐인 낙타

■ **쌍봉**(雙둘 쌍 峰)**낙타**
혹이 두 개인 낙타

🔔 **단봉낙타와 쌍봉낙타**
단봉낙타는 아프리카 일대에서 주로 가축으로 길러요.
쌍봉낙타는 중앙아시아의 사막이나 고원 지대에서 주로 운송 수단으로 이용되고요.

정답은 ③번, 단봉낙타예요. 볼록 솟은 혹이 하나여서 붙여진 이름이죠. 간혹 외봉낙타라고도 하는데, 단봉낙타가 올바른 이름이에요. 반면에 혹이 한 쌍, 즉 두 개 솟은 것은 쌍봉낙타예요.

아, 그게요. 걸음이 조금만 빨랐어도 2루타인데요.

아, 아쉽습니다. 이승엽 선수. **단타**에 그치고 말았군요.

■ **단타**(單 打칠 타)
타자가 1루에 진출할 수 있는 안타, 1루타

■ **단식**(單 式방식 식)
각 팀에서 한 명씩 나와서 하는 경기 방식

단타는 타자가 공을 친 뒤 1루까지만 진출하는 1루타를 뜻해요.
그래도 조금만 더 빨리 뛰었으면 2루까지 갈 수 있었겠죠?
한편, 탁구나 테니스 같은 경기는 운영 방식이 두 가지인데요.

각 팀에서 한 명씩 나와 경기하는 방식은 무엇일까요? ( )

① 단식 ② 한식 ③ 복식 ④ 혼식

🔔 **복식**
복(複)은 겹치다, 둘 이상이다라는 뜻이에요. 그래서 복식(複겹칠 복 式)은 한 팀에서 두 명 이상이 짝이 되어 하는 경기 방식이지요.

정답은 단식이에요. 단식은 각 팀에서 한 명씩 나와 하는 경기 방식이에요. 각 팀에서 두 명 이상 나와 경기를 하면 복식이고요.
그럼 단막극은 무슨 뜻일까요?
하나의 사건만 벌어져 하나의 막으로 끝나는 연극을 말해요.
'막'은 연극의 단락을 세는 단위거든요.
한 번으로 끝나는 텔레비전 드라마도 단막극이라고 부르지요.

■ **단막극**(單 幕막 막 劇극 극)
하나의 막으로 끝나는 연극

🔔 **연속극**
계속 이어지는 드라마는 연속극(連이어질 연 續계속될 속 劇)이에요. 이야기가 이어져 계속된다는 뜻이지요.

아기들은 뭐든지 손으로 가리키고 옹알거리죠. 하지만 무슨 말인지 알아듣기는 힘들어요. 제대로 된 ☐☐를 쓰지 않아서예요. 오른쪽 친구도 ☐☐를 제대로 말하지 못하네요.

> 저기… 응….

> 아이고, 말 좀 똑바로 하렴.

빈칸에 공통으로 들어갈 말은 무엇일까요? ( )
① 속담   ② 농담   ③ 비유   ④ 단어

답은 ④번, 단어예요. 단어는 기본이 되는 말, 낱말이라는 뜻이지요. 단어는 혼자 쓰여도 의미를 알 수 있는 가장 작은 단위의 말이거든요.

단위라고요? 단위는 기준이 될 수 있는 일정한 양을 말해요. 빈칸을 채우면서 단위의 뜻을 생각해 볼까요?

> 이만큼?

> 이만큼이 1cm야.

> ?

미터(m)나 센티미터(cm)는 길이의 ☐☐예요. 길이를 잴 때 기준이 되지요. 그램이나 킬로그램(kg)은 무게의 ☐☐고요. 무게를 재는 기준이거든요.

> 1cm에 해당하는 길이가 자꾸 바뀌면 **단위**가 될 수 없겠죠?

여기서 단(單)은 기본, 기준을 뜻해요. 기본이 되는 것은 복잡하면 안 되겠죠? 그래서 단(單)에는 복잡하지 않다는 뜻도 있어요. 간단과 단순은 둘 다 복잡하지 않다는 뜻이에요. 또 단순하고 변화가 없으면 단조롭다고 해요.

單   기본 **단**

- **단어**(單 語말 어)
  기본이 되는 말 = 낱말
- **단위**(單 位자리 위)
  기준이 될 수 있는 일정한 양

單   단순할 **단**

- **간단**(簡간략할 간 單)
  = **단순**(單 純순수할 순)
  복잡하지 않음
- **단조**(單 調가락 조)**롭다**
  단순하고 변화가 없다

🔔 **단원**
교과서에 나오는 단원(單 元으뜸 원)은 으뜸이 되는 학습 단위라는 뜻이에요. 단원은 주제나 내용을 중심으로 나누거든요.

🔔 이런 뜻도 있어요

오직 하나뿐이면 단일, 오직 혼자뿐이면 단독, 오직 둘만 있으면 단둘이라고 해요.
이때 단(單)은 '오직'이라는 뜻으로 쓰이죠. 단짝의 단도 마찬가지예요.
오직 서로만을 짝으로 삼는다는 뜻이에요.

- **단일**(單 一한 일) 오직 하나
- **단독**(單 獨홀로 독) 오직 혼자
- **단**(單)**둘** 오직 둘이서
- **단**(單)**짝** 오직 서로 짝으로 삼는 친구 사이

사주단자(四柱單子)는 신랑의 사주를 적은 종이를 말해요. 옛날 사람들은 사주를 보면 그 사람의 운명을 알 수 있다고 생각했어요. 그래서 신랑이 어떤 사람인가를 보여 주기 위해 사주단자를 신부 가족들에게 보냈지요.

여기서 단(單)은 하나하나 항목을 밝혀 적은 종이를 뜻해요.

음식의 종류와 가격을 하나하나 밝혀 적은 것은 식단이에요.

영어로는 메뉴(menu)라고도 하는데, 요새는 식단이나 메뉴 대신 차림표라는 말도 많이 써요.

그럼 어떤 말들이 더 있는지 빈칸을 채우며 읽어 볼까요?

사람의 이름을 하나하나 밝혀 적은 것은 명☐,

사람들에게 전하는 내용을 하나하나 밝혀 적은 것은 전☐이에요.

아메바처럼 생물체의 몸이 단 하나의 세포로 되어 있으면 단(單)세포라고 해요. 생각이나 의식 수준이 낮고 단순한 것을 빗대는 말이기도 하지요.

單　항목 단

■ **사주단자**(四넉 사 柱기둥 주 單 子물건 자)
신랑의 사주를 적은 종이

🔔 **사주**(四柱)
어떤 사람이 태어난 연(年), 월(月), 일(日), 시(時), 이 네 가지를 뜻해요.

■ **식단**(食밥 식 單)
= **메뉴**(menu) = **차림표**
음식의 종류와 가격을 항목별로 적은 것

■ **명단**(名이름 명 單)
이름을 하나하나 적은 것

■ **전단**(傳전할 전 單)
= **전단지**
사람들에게 전하려는 내용을 하나하나 적은 것

■ **단세포**(單 細가늘 세 胞세포 포)
몸이 하나의 세포로 이루어진 생물체

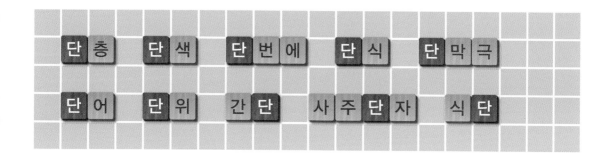

단층　단색　단번에　단식　단막극
단어　단위　간단　사주단자　식단

單
하나 단

단층

단색

단숨에

단번에

단판 승부

단칼에

혈혈단신

단봉낙타

쌍봉낙타

단타

단식

복식

단막극

연속극

1 공통으로 들어갈 한자를 따라 쓰세요.

간

식 ― 막 극 ― 單 ― 사 주 자 ― 층
하나 단

전

번

타

2 어떤 낱말에 대한 설명인지 쓰세요.

1) 단 한 번 쓰는 칼, 단 한 번에 ➡ ☐☐에

2) 한 판에 승부를 내는 것 ➡ ☐☐☐☐

3) 봉우리 모양의 혹이 하나뿐인 낙타 ➡ ☐☐낙타

4) 기준이 될 수 있는 일정한 양 ➡ ☐☐

5) 이름을 하나하나 적은 것 ➡ ☐☐

3 알맞은 낱말을 찾아 문장을 완성하세요.

1) 한약은 맛이 쓰니까 ☐☐에 마셔 버리는 게 좋아.

2) 저는 알록달록한 옷보다는 한 가지 색으로 된 ☐☐ 옷이 좋아요.

3) 그분은 안타깝게도 곁에 아무도 없이 ☐☐☐☐이셔.

4) 내가 응원하는 팀이 ☐☐ 선두에 올라서 기분이 좋아요.

5) 동해안은 서해안에 비해 해안선이 ☐☐로워요.

4 문장에 어울리는 낱말을 골라 ○표 하세요.

1) 음식의 종류나 가격을 하나하나 밝혀 적은 것은 (식단 / 전단)이야.

2) (전단 / 명단)은 다른 사람에게 전할 내용을 적은 거야.

3) 신랑의 생년월일시를 적어 신부 집에 보내는 종이는 (사주단자 / 사주)라고 해.

4) 사람의 이름을 하나하나 밝혀 적은 것은 (명단 / 단자)(이)야.

5) 오직 둘만 있으면 (단둘 / 단독)이라고 해.

5 빈칸에 공통으로 들어갈 알맞은 낱말을 고르세요. (   )

- 짚신벌레도 아메마처럼 한 개의 세포로 이루어진 □□□ 생물입니다.
- 속도의 시대에 휩쓸려 깊이 생각하지 않고 내키는 대로 말을 쏟아 내는 □□□ 동물이 되어서는 안 되겠습니다.

① 단세포   ② 전단지   ③ 단막극   ④ 단층집

6 그림을 보고, 빈칸에 들어갈 알맞은 낱말을 쓰세요.

1)

2)

3)

4)

단어

단위

간단

단순

단조롭다

단원

단일

단둘

단독

단짝

사주단자

사주

식단

명단

전단

전단지

단세포

와! 꼭 조명을 켠 것처럼 밝아

明 밝을 명

밝기도 하구나 □□아, □□아!

네가 바로 저기 저 위에 둥실 떠 있구나!

위 그림의 빈칸에 들어갈 말로 '밝은 달'을 뜻하는 말은 무엇일까요? (   )

① 명월   ② 만월   ③ 풍월   ④ 글월

정답은 ①번, 명월이에요. 어두운 밤하늘에 둥실 떠 있는 밝은 달을 가리키는 말이지요.

'밝을 명(明)'은 해(日)와 달(月)이 합쳐진 글자예요. 해는 지구 전체를 밝혀 주고, 달은 어둠을 밝혀 주지요. 이 둘이 합쳐졌으니 '명'은 말할 것도 없이 세상에서 제일 밝은 것이지요.

밝음과 어둠을 함께 이르는 말은 명암이에요. 그래서 명암은 기쁨과 슬픔, 또는 행복과 불행을 통틀어 부르는 말이기도 해요.

어두운 밤을 밝게 비추는 것은 각종 조명 장치예요. 현관 등, 거실 등, 내 책상 위에 있는 스탠드, 무대를 비추는 각종 장치 등을 말하죠. 조명은 밝게 비춘다는 뜻이거든요.

마음에 빛을 비추면 마음도 밝아져요. 사람이 밝고 맑으면 명랑하다고 해요. 명랑한 사람과 있으면 기분이 덩달아 유쾌해지잖아요.

明 밝을 명

■ **명월**(明 月달월)
밝은 달

🔔 **만월**
만월(滿찰만 月)은 속이 꽉 찬 달, 즉 보름달을 말해요.

■ **명암**(明 暗어두울암)
밝고 어두움 / 행복과 불행

■ **조명**(照비출조 明)
밝게 비춤

■ **조명**(照明) **장치**
어두운 곳을 밝게 비추어 주는 장치

■ **명랑**(明 朗유쾌할랑)
밝고 유쾌함

明 밝을 명

- 투명(透통할투 明)
빛이 통과하는 밝은 상태
- 투명(透明) 인간
투명하여 보이지 않는 사람
- 투명(透明) 경영
부정부패를 저지르지 않는
깨끗한 경영

明 깨끗할 명

- 공명정대(公공정할공 明
正바를정 大큰대)
공정하고 깨끗하고 바르고
너그러움

🔔 윤리 경영
윤리(倫인륜륜 理이치리) 경영
은 인륜과 이치에 맞는 경영이
라는 뜻이에요.

투명 인간은 왜 안 보일까요?

빛이 통과해 버리니까 안 보이는 거예요. 투명은 빛이 통과하는 밝은 상태를 뜻하거든요. 유리창이 투명하면 빛이 통과하여 밝잖아요. 그래서 그 뒤에 있는 것이 잘 보이는 거예요.

비닐 봉투가 투명해서 내용물이 다 들여다 보이고, 물이 투명해서 물속에 있는 돌이나 물고기가 잘 보이는 것도 마찬가지죠.

> 이처럼 투명이라는 말은 맑고 깨끗하다는 뜻으로도 쓰이죠. 그럼 이 말을 기업 경영에 적용하면 무슨 말이 될까요? (   )
>
> ① 투명 산업   ② 투명 경영   ③ 투명 생산   ④ 투명 기업

정답은 투명 경영이에요. 투명 경영은 기업이 부정부패를 저지르지 않고 깨끗하게 경영하는 것을 말해요.

투명 경영과 비슷한 말은 윤리 경영이지요. 윤리 경영을 하는 회사는 사람들의 신뢰를 얻게 돼요.

일을 공정하고, 깨끗하고, 바르고, 너그럽게 처리하기 때문이지요. 이것을 공명정대(公明正大)하다고 말해요.

여기서 명(明)은 '깨끗하다'라는 뜻으로 쓰였어요.

다음 빈칸에 공통으로 들어갈 말은 무엇일까요? (   )

1) 내가 알아들을 수 있게 잘 ☐☐해 봐.
2) 이 문제집에는 낱말 ☐☐이 정말 잘 되어 있어.

明	밝힐 명

■ **설명**(說말씀 설 明)
알기 쉽게 밝혀서 말함

■ **변명**(辨밝힐 변 明)
옳고 그름을 분별하여 밝힘

■ **증명**(證알릴 증 明)
증거를 들어서 사실 여부를 밝힘

■ **발명**(發나타날 발 明)
지금까지 없던 물건이나 방법 /
기술을 세상에 나타나게 함

정답은 설명이죠!
설명은 상대편이 알기 쉽게 밝혀서 말한다는 뜻이에요.

저는 그냥 좀 도와주려고

이 녀석! 계속 **변명**만 할래?

친구를 괴롭히다 딱! 걸린 모양이네요.
변명은 잘못이나 실수에 대해 구실을 대며 까닭을 밝히는 거예요.
자기가 친구를 괴롭히지 않았다고 변명하고 있지요?
그런데 그 말을 증명할 길이 없네요.
증명은 증거를 들어 사실 여부를 밝힌다는 말이에요.
마지막으로 다음 빈칸에 들어갈 말은 무엇일까요?
'에디슨은 ☐☐의 왕이다.'
쉽죠? 발명이잖아요. 발명은 지금까지
없던 물건이나 방법, 기술을 새로
세상에 나타나게 하는 거예요.
에디슨은 전구를 발명하여 세상의
밤을 환하게 밝혀 주었지요. 이런
것이 발명 중의 발명이지요.

🔔 **명심보감**

명심보감(明 心마음 심 寶 보배
보 鑑거울 감)은 마음을 밝히는
소중한 본보기라는 뜻을 지닌
제목의 책이에요.
고려 시대에 훌륭한 조상들의
말씀 중에서 인격을 수양하는
데 도움이 되는 소중한 말씀만
을 뽑아 엮은 책이지요.

난 필라멘트 전구를 **발명**해 세상을 밝혔소.

이 양반아, 나도 세상을 밝히는걸.

明 분명할 명

"분☐히 여기에 뒀는데 어디 갔지?"

위 문장의 빈칸에 들어갈 말은 무엇일까요?

네, '명'이예요. 분명은 밝게 구분되어 확실하고 틀림없다는 뜻이지요. 비슷한 말로 명백과 명확이 있어요.

명확은 분명하고 확실하다는 뜻이에요.

명백은 분명하고 뚜렷하다는 뜻으로 명명백백의 준말이지요.

이렇게 명(明)은 '분명하다'는 뜻도 지니고 있어요.

자, 삼촌이 바퀴 떨림 문제를 **명쾌**하게 해결했다.

에 내바퀴…

하하. 바퀴가 없으면 떨릴 것도 없으니 명쾌한 해결책이긴 하네요. 삼촌이 아주 명석하시군요. 생각이 분명하고 똑똑한 것이 명석이죠. 명쾌한 것은 더 이상 물어볼 필요가 없을 정도로 분명하고 시원하다는 말이에요.

명쾌와 비슷한 말은 명료예요. 설명이 명료하면 알아듣기가 쉽지요.

그럼 빈칸을 채우면서 분명함을 나타내는 낱말을 더 알아볼까요?

무엇인가를 분명하게 보여 주는 것은 ☐시,

이것저것을 분명하고 자세하게 적은 문서는 ☐세서라고 해요.

명(明)은 '똑똑하다'는 뜻도 있어요. 사리에 밝으면서도 어진 사람을 현명하다고 하잖아요. 또, 똑똑하고 슬기로우면 총명하다고 말해요.

■ **분명**(分구분될분 明)
밝게 구분되어 확실하고 틀림없음

■ **명확**(明 確뚜렷할확)
분명하고 뚜렷함

■ **명백**(明 白흰백)
= **명명백백**(明明白白)
분명하고 뚜렷함

■ **명석**(明 晢밝을석)
분명하고 똑똑함

■ **명쾌**(明 快시원할쾌)
더 이상 물어볼 필요가 없을 정도로 분명하고 시원함

■ **명료**(明 瞭맑을료)
분명하고 맑아 뚜렷함

■ **명시**(明 示보일시)
분명하게 보임

■ **명세서**
(明 細자세할세 書문서서)
물품이나 금액을 분명하고 자세하게 적은 문서

■ **현명**(賢어질현 明)
사리에 밝으면서 어진 것

■ **총명**(聰총명할총 明)
똑똑하고 슬기로움

명월 조명 명암 명랑 투명 증명

설명 변명 발명 분명 명확 총명

씨글자
블록 맞추기

明
밝을 명

명월

만월

명암

조명

조명 장치

명랑

투명

투명 인간

투명 경영

공명정대

윤리 경영

설명

변명

1 공통으로 들어갈 한자를 따라 쓰세요.

| 투 |
| 설 | 세 | 서 |

明
밝을 명

| 공 | 정 | 대 |

| 월 |
| 암 |
| 백 |

발

2 어떤 낱말에 대한 설명인지 쓰세요.

1) 밝게 비춤 ➡ ☐☐

2) 빛이 통과하는 밝은 상태 ➡ ☐☐

3) 증거를 들어서 사실 여부를 밝힘 ➡ ☐☐

4) 밝게 구분되어 확실하고 틀림없음 ➡ ☐☐

5) 똑똑하고 슬기로움 ➡ ☐☐

3 알맞은 낱말을 찾아 문장을 완성하세요.

1) 오늘 밤하늘에는 휘영청 ☐☐이 떴습니다.

2) 이 사진은 밝고 어두운 ☐☐이 뚜렷하네요.

3) 전시관의 ☐☐이(가) 너무 어두워서 잘 안 보여요.

4) 성품이 어진 신사임당은 사리에 밝은 ☐☐한 어머니의 대표적
   표본이다.

5) 법은 모든 사람에게 ☐☐☐☐해야 합니다.

4 문장에 어울리는 낱말을 골라 ○표 하세요.

1) 증거를 대면서 밝히는 것을 (증명 / 공명)이라고 해.

2) 어두운 곳을 밝게 비추어 주는 장치는 (발명 / 조명) 장치야.

3) 새로운 물건이나 방법을 밝혀 만들어 내는 것은 (발명 / 조명)이지.

4) 분명하고 뚜렷하다는 뜻은 (공명정대 / 명명백백)이야.

5) 마음을 밝히는 소중한 본보기라는 책의 이름은 (명심보감 / 명세서)(이)야.

5 빈칸에 공통으로 들어갈 알맞은 낱말을 고르세요. (   )

> • 여기 이 □□한 물을 봐. 강 밑바닥까지 다 보이지 않니?
> • 눈이 오네, 창이 □□하니까 눈이 오는 풍경도 다 볼 수 있어.

① 명쾌   ② 명랑   ③ 투명   ④ 명백

6 다음 중 문장에 들어갈 수 <u>없는</u> 낱말을 고르세요. (   )

> "네가 숙제를 안 했다는 사실은 이미 □□하게 드러났어."

① 명확   ② 명백   ③ 명료   ④ 명랑

증명
발명
명심보감
분명
명확
명백
명명백백
명석
명쾌
명료
명시
명세서
현명
총명

많이 보고 들어야 견문이 넓어지지

見
볼 견

중국에는 말이야…

마르코 폴로는 허풍쟁이래요.

지금부터 7백여 년 전, 마르코 폴로는 24년간 아시아를 여행하고 돌아와 '동방견문록'이라는 책을 남겼어요.

동방을 여행하면서 보고 들은 것을 기록한 책이지요.

견문은 보고 들은 것을 뜻하거든요.

보고 들어서 얻은 지식을 말할 때도 견문이라고 해요. 견문을 넓힌다고 하면, 보고 듣고 경험을 많이 쌓아 지식을 늘리는 것을 가리키지요. 그래서 견문을 쌓다라는 말도 있어요.

여기서 견(見)은 '보다'는 뜻이에요.

그럼 눈으로 직접 보고 배우는 것은 무엇일까요? (   )

① 견학   ② 학견   ③ 견문학   ④ 학습

정답은 견학이에요. 우리가 가는 현장 학습, 체험 학습 등은 모두 견학에 속해요. 견학만 한다고 지식이 완전히 자기 것이 될까요?

아니에요. 직접 해 보면서 몸으로 익혀야죠.

보고 익히는 것은 견습이라고 해요.

또, 보고 익히면서 배우는 사람은 견습생이라고 하지요.

見   볼 견

■ 견문(見 聞들을 문)
보고 들음

■ 견문을 넓히다
= 견문을 쌓다
많이 보고 들어 지식을 늘리다

🏠 동방견문록(東方見聞錄)
마르코 폴로의 여행 경험을 모험 소설가 루스티첼로가 기록한 여행기예요. 당시 유럽인들은 이 내용을 믿을 수 없어 마르코 폴로를 허풍쟁이로 취급했지요.

■ 견학(見 學배울 학)
보고 배움

■ 견습(見 習익힐 습)
보고 익힘

■ 견습생(見 習 生학생 생)
견습하면서 배우는 학생

그런데 견습이라는 말은 일본식 표현이어서 우리식 표현으로 바꾸어 쓰는 것이 좋아요. 견습의 우리식 표현은 수습이에요. 수습은 스스로 닦으면서 익힌다는 뜻이거든요. 그럼 견습생은 어떻게 바꾸면 좋을까요? 맞아요, 수습생이에요.

수습 기자나 수습 사원은 모두 기자나 사원이 되기 전에 일을 익히는 단계에 있는 사람을 뜻해요.

> 보는 것의 중요성을 강조하는 속담은 어느 것일까요? (   )
>
> ① 구슬이 서 말이라도 꿰어야 보배다
> ② 백문이 불여일견
> ③ 쇠귀에 경 읽기
> ④ 발 없는 말이 천리 간다

맞아요, 답은 ②번이에요. 백문은 백번 듣는 것이고, 불여일견(不如一見)은 한 번 보는 것만 못하다는 뜻이죠. 일견(一見)은 한 번 얼핏 본다는 말이고요. 한 번만 보면 대충 보기 쉽겠지요? 그래서 어떤 것을 일견한다고 하면 자세히 보지 않고 대충 본다는 뜻이에요.

'일견 타당해 보이지만'이라는 말은 얼핏 보면 타당해 보이지만 자세히 살펴보면 그렇지 않을 때 쓰는 표현이죠.

썩 괜찮은 물건이 눈앞에 나타나면 없던 욕심도 생길 수 있어요. 이것을 견물생심(見物生心)이라고 해요. 물건을 보니 마음이 생긴다는 뜻이지요. 이럴 때 여러분은 어떤 마음을 따를 건가요?

수습(修닦을수 習)
스스로 닦으며 익힘

수습생(修習生)
수습하여 배우는 사람

見 볼 견

백문(百일백 백 聞들을 문)이 **불여일견**(不아니 불 如같을 여 一한일 見)
백번 듣는 것이 한 번 보는 것과 같지 않다 / 백번 듣는 것보다 한번 보는 것이 낫다는 말

일견(一見)
얼핏 봄

견물생심(見 物물건물 生날 생 心마음 심)
물건을 보면 욕심이 생김

🔔 후견인

후견인(後뒤 후 見 人사람 인)은 뒤를 봐주는 사람을 가리키는 말이에요. 뒤를 봐준다는 것은 능력이 부족하거나 어려움에 처한 사람을 뒤에서 돌봐 준다는 뜻이에요.

- **발견**(發펼발 見)
펼쳐 보임 / 알려져 있지 않던
것을 밝혀냄
- **재발견**(再다시재 發見)
다시 발견함
- **선견**(先먼저선 見)
앞을 먼저 봄
- **선견지명**(先見 之~는지
明총명할명)
앞을 먼저 볼 줄 아는 총명함
- **예견**(豫미리예 見)
앞을 미리 봄

위 그림의 빈칸에 공통으로 들어가는 말은 무엇일까요? (　　　)

① 발명　　　② 여행　　　③ 이사　　　④ 발견

정답은 ④번, 발견이에요. 발견은 알려져 있지 않던 것을 밝혀내서 보인다는 뜻이지요. 하지만 이미 발견됐더라도 그 가치를 제대로 인정받지 못한 것도 있어요. 그런 것을 새롭게 찾아내 인정하면 다시 발견하는 것과 마찬가지겠지요? 그래서 재발견이라고 말해요.

오렌지 군은 앞일을 내다보는 능력이 있나 봐요.
이렇게 앞을 내다보는 것을 무엇이라고 할까요? (　　　)

혹시나 해서
우산을 들고 갔는데,
비가 오지 뭐예요?

① 일견　　　② 발견　　　③ 선견

정답은 ③번, 선견이에요. 먼저 본다는 뜻이지요. 앞서 내다 볼 줄 아는 지혜는 선견지명, 앞날을 미리 보는 것은 예견이라고 해요.

🔔 이런 뜻도 있어요

견(見)은 '만나다'라는 뜻도 있어요. 손님을 맞아 만나는 것은 접견,
공식적으로 처음 만나서 인사하는 의례는 상견례이지요.
신분이 높은 사람을 만나는 것은 알현이에요. 여기서는 한자 견(見)을 '현'으로
읽는다는 것에 주의하세요.

- **접견**(接교제할접 見) 손님을 맞아 서로 교제하며 만남
- **상견례**(相서로상 見禮예의례) 공식적으로 처음 서로 만나서 인사를 하는 의례
- **알현**(謁아뢸알 見뵐현) 신분이 높은 사람을 만남

"이 일을 어떻게 보십니까?"라고 물으면 어떤 일에 대한 의견을 묻는 것이죠? 이처럼 견(見)은 의견이라는 뜻도 있어요.
의견은 어떤 일에 대해 가지는 생각이나 판단이거든요. 어떤 일에 대해 나름대로 해석하여 의견을 갖게 되었다면 견해라고 해요.
똑같은 일에 대해서도 서로 의견이 다를 수 있죠? 서로 다른 의견은 이견이지요.

> 하고 다니는 걸 보아 하니… 공부도 못하고, 부모님 말씀도 안 듣는 불량한 놈일 테지.

할아버지는 저런 차림새에 대해 선입견이 있으시군요.
선입견은 먼저 들은 정보나 이전 경험으로 갖게 된 생각이 바뀌지 않고 그대로 고정관념이 된 것을 말해요.
편견은 한쪽으로 치우쳐서 공정하지 않은 생각을 말하고요. 컴퓨터 게임은 무조건 나쁘다라는 생각은 편견일 수 있어요.
적당히 즐기면 기분 전환이 돼서 공부의 효율이 더 오를 수 있으니까요. 여러분 생각도 그렇지 않나요?
또한, 개인적인 생각은 사□, 생각이 짧고 부족한 것은 단□이에요. 빈칸을 채워 낱말을 완성하면 사견, 단견이지요.
단견은 자기 생각을 겸손히 낮춰 말할 때 쓰기도 해요.

見 생각 의견 **견**

- **의견**(意뜻의 見)
어떤 일에 대한 생각이나 판단
- **견해**(見 解풀 해)
어떤 일에 대하여 나름대로 해석하여 나온 의견
- **이견**(異다를 이 見)
서로 다른 생각
- **선입견**(先먼저 선 入들 입 見)
먼저 머릿속에 들어와 고정 관념이 된 생각
- **편견**(偏치우칠 편 見)
한쪽으로 치우친 생각
- **사견**(私개인 사 見)
개인의 견해
- **단견**(短짧을 단 見)
짧고 부족한 생각 / 자기 생각을 겸손히 이르는 말

🔔 식견
식견(識알 식 見볼 견)은 학식과 견문으로 쌓은 분별력을 뜻해요.

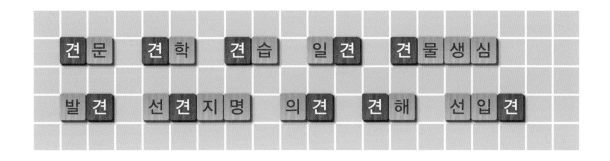

견문 견학 견습 일견 견물생심
발견 선견지명 의견 견해 선입견

씨글자
블록 맞추기

견문

견문을 넓히다

견문을 쌓다

동방견문록

견학

견습

견습생

수습

수습생

백문이
불여일견

일견

견물생심

후견인

발견

재발견

1 공통으로 들어갈 한자를 따라 쓰세요.

발				
선	재 발	見	물 생 심	문 / 학 / 해
의		볼 견		

2 어떤 낱말에 대한 설명인지 쓰세요.

1) 보고 익힘 → ☐☐

2) 앞을 먼저 볼 줄 아는 총명함 → ☐☐☐☐

3) 앞을 미리 봄 → ☐☐

4) 어떤 일에 대한 생각이나 판단 → ☐☐

5) 개인의 견해 → ☐☐

3 알맞은 낱말을 찾아 문장을 완성하세요.

1) 지난 수요일 우리 반은 방송국으로 ☐☐을 갔어요.

2) 마르코 폴로가 동방☐☐록을 직접 쓴 것은 아니에요.

3) 뉴턴은 만유인력의 법칙을 ☐☐했어요.

4) ☐☐을 버리면 새로운 것들을 볼 수 있어요.

5) ☐☐☐☐이라더니 백화점만 가면 모두 다 사고 싶어요.

28

④ 문장에 어울리는 낱말을 골라 ○표 하세요.

1) 이 문제에 관해서는 워낙 (이견 / 편견)의 여지가 없어요.

2) 나의 (사견 / 선입견)으로 너를 단정지어서 미안해.

3) 이제 방청객 여러분의 (사견 / 의견)을 듣겠습니다.

4) 김국장은 (이견 / 사견)임을 전제로 자신의 대안을 말했다.

5) 나의 (견해 / 단견)은(는) 너와는 달라.

⑤ 그림을 보고, 빈칸에 들어갈 알맞은 낱말을 쓰세요.

1)
틀림없이 B형일 거야.
□ □

2)
왜적의 침입에 대비해 십만 대군을 양성해야 합니다.
앞을 먼저 내다보는군.
□ □ □ □

3)
처음 뵙겠습니다.
앞으로 잘 부탁드립니다.
□ □ □

⑥ 아래 속담이 되도록 순서에 맞게 각 한자에 번호를 쓰세요.

백 번 듣는 것이 한 번 보는 것만 못하다.

문(聞) □　　백(百) □　　견(見) □　　여(如) □　　일(一) □　　불(不) □

선견
선견지명
예견
접견
상견례
알현
의견
견해
이견
선입견
편견
사견
단견
식견

빛이 반짝 발광,
열이 후끈 발열

하하. 고양이 군은 미친병의 증세가 밖으로 나타나는 발광(發狂)이지만, 빛을 내는 것은 '빛 광(光)' 자를 쓰는 발광(發光)이라고 해요. 배에서 빛을 내는 반딧불이는 발광 곤충에 속해요.

여기서 발(發)은 '내다', 또는 '나다'를 뜻하지요.

열이 나는 것은 발열이에요. 컴퓨터를 오래 쓰면 뜨거워지는 발열 현상이 일어나죠. 우리 몸에 좋은 발아 현미는 싹이 난 현미를 말하고요.

자, 그럼 다음 빈칸을 채워 볼까요?

털이 나는 것은 ☐모, 병이 나는 것은 ☐병,

불이 나는 것은 ☐화!

계속해 볼까요? 노래를 부를 때 발성 연습을 하죠?

소리를 내는 것은 ☐성이에요. 말소리를 내는 것은 ☐음이죠.

발언은 말을 꺼내어 의견을 낸다는 말이에요.

發	낼 발

- **발광**(發 狂미칠광)
미친병의 증세가 나타남
- **발광**(發 光빛광)
빛을 냄
- **발열**(發 熱열열)
열이 남
- **발아**(發 芽싹아)
싹이 남
- **발모**(發 毛털모)
털이 남
- **발병**(發 病병병)
병이 남
- **발화**(發 火불화)
불이 남
- **발성**(發 聲소리성)
소리를 냄
- **발음**(發 音소리음)
말소리를 냄

의견이 아니라, 그냥 입 밖으로 말을 내는 것은 무엇일까요? (　　)

① 해설　　② 발설　　③ 전설　　④ 학설

맞아요, ②번 발설이에요. 보통은 하면 안 되는 말을 입 밖에 내는 것을 발설이라고 해요. 비밀은 발설하면 안 되는 거예요.

이렇게 발(發)은 밖으로 나타나는 것이어서, '일어나다'라는 뜻도 있어요. 발생은 어떤 일이나 사물이 생겨나는 것을 말해요.

보통의 일이나 사건은 발생했다고 말하지만, 제2차 세계 대전은 발발했다고 하지요? 발발은 전쟁이나 큰 사건이 갑작스럽게 일어나는 것을 뜻하거든요.

발(發)의 뜻을 생각하면서 발생에 관한 낱말들을 살펴볼까요?

우연히 일어나는 것은 우발이에요.

우발적 범행은 계획하지 않고 우연히 벌인 범행이죠.

전에 일어난 일이 다시 일어나는 것은 재발, 뜻밖의 일이 갑자기 일어나는 것은 돌발, 어떤 일이 많이 일어나는 것은 다발이지요.

미안, 나도 모르게 우발적으로···

자! 그럼 빈칸을 채우면서 배운 말들을 정리해 볼까요?

> 여행지로 가는 도중, 우리가 탄 버스가 사고 □□ 지역에서 사고가 났습니다. 갑자기 일어난 사건에 무척 당황했지만, 서로 힘을 합쳐 □□ 상황에 신속히 대처했습니다. 하지만 같은 곳에서 사고가 계속 □□하는 걸 보니 근본적인 대책을 세워야 한다고 생각합니다.

정답은 다발, 돌발, 재발이에요. 잘 맞혔어요?

> 역사적으로 중요한 일이나 사물이 처음 나타난 곳을 뜻하는 말은 무엇일까요? (　　)
>
> ① 발견지　　　② 발명지　　　③ 발상지　　　④ 발생지

정답은 ③번, 발상지예요. 축구의 발상지, 크리스트교의 발상지, 유럽 문화의 발상지처럼 쓸 수 있어요.

■ **발언**(發 言말씀 언)
말을 꺼내 의견을 냄

■ **발설**(發 說말씀 설)
(하면 안 되는) 말을 입 밖에 냄

發 일어날 발

■ **발생**(發 生날 생)
어떤 일이나 사물이 생겨남

■ **발발**(勃갑자기 발 發)
전쟁이나 큰 사건이 갑자기 일어남

■ **우발**(偶우연 우 發)
우연히 일어남

■ **재발**(再다시 재 發)
다시 일어남

■ **돌발**(突갑자기 돌 發)
갑자기 일어남

■ **다발**(多많을 다 發)
많이 일어남

■ **돌발 상황**(突發 狀상태 상 況상황 황)
갑자기 벌어진 상황

■ **사고 다발 지역**(事일 사 故사건 고 多發 地땅 지 域구역 역)
사고가 많이 일어나는 지역

■ **발상지**(發 祥조짐 상 地땅 지)
역사적으로 중요한 일이나 사물이 처음 나타난 곳

뉴턴이 역사적인 발견을 하는 순간이네요.

발견이란 남이 미처 찾아내지 못하였거나 세상에 알려지지 않은 것을 먼저 밝혀내는 것을 말해요.

이때의 발(發)은 '밝히다, 드러내다'라는 뜻을 지니고 있어요.

수업 시간에 발표를 하죠? 어떤 의견이나 결과 등을 겉으로 드러내어 널리 알리는 것이 발표예요.

한편, 유물이나 지하자원처럼 땅에 묻혀 있는 것을 파서 드러내는 것은 뭐라고 할까요? 맞아요, 발굴이에요. 꼭 땅속에 묻힌 것에만 쓰는 말은 아니고, 인재 발굴이나 신인 발굴처럼 세상에 널리 알려지지 않은 것을 찾아낸다는 말로도 쓰이지요.

> 빈칸에 알맞은 말을 순서대로 짝 지은 것은 무엇일까요? (   )
> • 용의자는 완전 범죄를 꿈꿨지만, 결국 범행이 □□됐다.
> • 경찰은 불량 식품을 공급해 온 무허가 식품 제조업자를 □□했다.
>
> ① 발굴-발각   ② 발각-적발   ③ 적발-발각

꽤 어려웠죠? 답은 ②번이에요. 숨기고 있던 것이 남에게 드러나면 발각이지요. 남에게 발각되는 것이니까 발각하다라고는 잘 쓰지 않아요. 반면에 숨겨져 있던 것을 들추어 드러내는 일은 적발이고요. 경찰은 불법적인 일들을 적발하고, 범죄자는 죄가 적발되는 거예요. 그러니 적발하다, 적발되다 둘 다 쓸 수 있어요.

發 **드러낼 발**

■ **발견**(發 見볼견)
알려지지 않은 것을 드러내어 봄

■ **발표**(發 表겉표)
의견이나 결과 등을 겉으로 드러내어 알림

■ **발굴**(發 掘팔굴)
땅에 묻힌 것을 파서 드러냄

■ **발각**(發 覺나타날 각)
숨기던 것이 드러나 나타남

■ **적발**(摘들추어낼 적 發)
숨겨져 있던 것을 들추어 드러냄

🔔 **발견과 발명의 차이**
발견이 이미 존재하던 것을 우연한 기회에 알게 되는 것이라면, 발명은 노력과 시간을 투자해서 새로운 것을 만들어 내는 것을 말하지요.

꽃이
만발.

꽃이 가득 피어난 것을 보고 꽃이 만발했다고 하죠? 발(發)은 원래 꽃이 핀다는 말인데, 꽃이 피어나듯 좋은 상태가 되는 것을 뜻하기도 해요.

發 **필 발**

■ **만발**(滿가득할 만 發)
가득 피어남

發 **발전할 발**

'더 좋은 상태로 나아감'을 뜻하는 말은 무엇일까요? (   )

① 발명   ② 발전   ③ 발견   ④ 발표

맞아요. 정답은 ②번, 발전이에요.

발(發)은 이렇게 '발전'이라는 뜻을 나타낼 때도 있어요.

발달은 발전한 상태에 이르렀다는 말이에요. 신체나 지능이 발달하기도 하고, 의학이나 과학 기술이 발달하기도 해요.

개발은 새롭게 열어 발전시킨다는 말이에요. 전에는 없던 것을 새롭게 이루어 내는 것이지요. 쓸모없던 땅을 개발하거나, 새로운 기술을 개발하죠. 이에 비해 계발은 지능이나 소질처럼 이미 가지고 있는 것을 일깨워 발전시키는 것을 가리키는 말이에요. 지능을 개발하고, 상상력과 재능은 계발한다고 하죠.

개발과 계발이 어떻게 다른지 생각하면서 빈칸을 채워 볼까요?

국토 ☐☐, 창의성 ☐☐, 신제품 ☐☐, 소질 ☐☐.

잘 맞혔나요? 답은 개발, 계발, 개발, 계발이지요.

이제 개발과 계발, 헷갈리지 않겠죠?

■ **발전**(發 展나아갈 전)
더 좋은 상태로 나아감
■ **발달**(發 達이를 달)
발전한 상태에 이름
■ **개발**(開열 개 發)
새롭게 열어 발전시킴
■ **계발**(啓일깨울 계 發)
일깨워 발전시킴

🔔 **자연의 발달**
지형이나 날씨에서 어떤 현상이 크게 형성되는 것도 발달이라고 해요. 화산 지형의 발달, 태풍의 발달처럼 말이에요.

발광 발열 발병 발언 발설 재발 돌발

발견 발굴 만발 발달 개발 계발

낼 발

발광(發狂)

발광(發光)

발열

발아

발모

발병

발화

발성

발음

발언

발설

발생

발발

우발

재발

돌발

❶ 공통으로 들어갈 한자를 따라 쓰세요.

발						광
만	상 지	發	돌 상 황	아
개		낼 발		언

❷ 어떤 낱말에 대한 설명인지 쓰세요.

1) 열이 남 ➡ ☐☐

2) 소리를 냄 ➡ ☐☐

3) 역사적으로 중요한 일이나 사물이 처음 나타난 곳 ➡ ☐☐☐

4) 숨기던 것이 드러나 나타남 ➡ ☐☐

5) 더 좋은 상태로 나아감 ➡ ☐☐

❸ 알맞은 낱말을 찾아 문장을 완성하세요.

1) 산불은 자연적으로 ☐☐ 되는 경우도 많대.

2) 지역에 따라 '쌀'을 '살'로 ☐☐ 하기도 해요.

3) 무책임한 ☐☐ 에 대해 진심으로 사과드립니다.

4) 사건 ☐☐ 10일 만에 범인이 검거되었다.

5) 그는 우연히 고려 시대의 유물을 ☐☐ 하게 되었어.

4 문장에 어울리는 낱말을 골라 ○표 하세요.

1) 콜럼버스는 오랜 항해 끝에 신대륙을 (발견 / 발굴)하였다.

2) 돈을 숨겨 둔 곳이 경찰에게 (발견 / 발각)되고 말았다.

3) 합격자 (발발 / 발표)을(를) 앞둔 날 밤, 나는 잠을 이룰 수 없었어.

4) 수업이 끝나고 진수가 (증발 / 돌발)했지 뭐야. 어디 갔는지 모르겠어.

5) 나일강변의 이집트 문명은 4대 문명 (발상지 / 발견지) 중의 하나야.

5 다음 중 밑줄 친 '발' 자 중에서 뜻이 다른 하나를 고르세요. (　　)

① 발열　　　　② 발광
③ 발화　　　　④ 가발

6 다음 중 밑줄 친 낱말이 가장 자연스러운 문장을 고르세요. (　　)

① 이 일은 우리만의 비밀이야. 절대로 발언해서는 안 돼.
② 세상에, 들었니? 이번 사고는 치밀하게 계획된 우발적 범행이었대.
③ 지난 주말, 경찰은 음주 운전을 무더기로 발각했다.
④ 음악을 자주 들으면 상상력이 계발된다고 해.

다발

돌발 상황

사고 다발 지역

발상지

발견

발표

발굴

발각

적발

만발

발전

발달

개발

계발

신기한 것들이 펼쳐진 전시장

展 펼칠 전

위 그림의 빈칸에 들어갈 말은 무엇일까요?

맞아요. 바로 전시예요.

전시는 여러 가지를 한곳에 펼쳐 놓고

보여 주는 것을 말해요.

전시되어 있는 물건이나 물품은 전시물,

또는 전시품이라고 해요.

이런 물건들을 전시하는 곳은 전시장,

혹은 전시회장이라고 하고요.

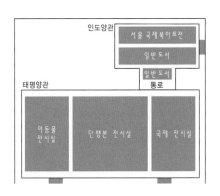

여기는 도서 전시장이에요. 책을 전시하는 곳이지요. 전시장 안에 두 개의 전시관이 있네요. 하나는 태평양관, 하나는 인도양관이에요. 이렇게 전시관은 전시회를 하기 위해서 지은 건물을 말해요.

전시관 안은 여러 개의 방으로 나뉘어 있어요. 이런 방을 전시실이라고 하지요. '방 실(室)' 자가 붙어서 전시를 하는 방이라는 뜻이에요.

展 펼칠 전

■ **전시**(展 示보일 시)
펼쳐 보임

■ **전시품**(展示 品물건품)
= **전시물**(展示 物물건물)
전시된 물건이나 물품

■ **전시장**(展示 場장소장)
= **전시회장**
전시하는 곳

■ **전시관**(展示 館건물 관)
전시회를 위해 지은 건물

■ **전시실**(展示 室방실)
전시를 하는 방

전시와 비슷한 말은 무엇일까요? (   )

① 전개   ② 전망   ③ 전람   ④ 전진

展 **펄칠 전**

■ **전시용**(展示 用쓸용)
전시에 쓰려는 목적의

■ **전람**(展 覽볼람)
여러 가지 물품들을 한 장소에
모아서 봄

■ **전람회**(展覽 會모일 회)
= **전시회**(展示會)

■ **전개**(展 開열 개)
어떤 일이 벌어지거나 내용이
발전해 감 / 새로운 일이 벌어짐

■ **전망**(展 望볼망)
멀리 펼쳐진 것을 바라봄 / 멀
리 펼쳐진 경치 / 앞날의 상황

■ **전망대**
(展望 臺높고 평평한 곳 대)
전망을 볼 수 있는 높고 평평한
곳

정답은 ③번! 전람의 람(覽)도 보다라는 뜻이거든요.
전람은 여러 물건을 모아서 보는 것이에요. 전람회는 전시회와 같은 말이지요.

앞으로 이 드라마가 어떻게 될지 궁금해.

이 드라마가 어떻게 **전개**될지 궁금해.

드라마를 보면서 감자와 사과가 하는 말을 들어 보세요. 사실 이 둘은 같은 말을 하고 있는 거예요.
영화나 소설, 드라마에서 어떤 일이 벌어지거나 내용이 발전해 갈 때 전개라는 말을 쓰거든요.

전개라는 말이 잘 어울리지 <u>않는</u> 표현은 무엇인가요? (   )

① 새로운 일의 전개   ② 소설의 전개
③ 환경 운동의 전개   ④ 동물의 전개

정답은 ④번이에요. 전개는 원래 열어서 펼쳐 놓는다는 뜻이에요.
그래서 어떤 일이나 내용이 펼쳐져 발전해 갈 때 쓰지요.
그러니 동물과는 어울리지 않아요.
전망은 멀리 펼쳐진 것을 바라보는 거예요. 또 멀리
펼쳐진 경치를 뜻하기도 하지요. 그 경치가 멋지면
전망이 좋다라고 말하잖아요.
전망대는 전망을 볼 수 있도록 만든 높고 평평한 곳을
뜻해요. 보통 높은 구조물이 설치되어 있지요.
또, 내다보이는 앞날의 상황을 전망이라고 하기도
해요. 이 사업은 전망이 좋다라는 식으로 표현하지요.

우아! **전망** 좋다.

옛날에는 종이가 없어서 나무판에 글자를 새겨서 책을 지고 다녔어요. 선비가 길을 떠나려면 책을 실은 수레만 수십 대였지요. 또 물건을 옮기는 것도 사람의 힘으로 했어요.

하지만 요즘엔 책 수십만 권의 내용을 컴퓨터에 모두 담을 수 있잖아요. 이런 걸 흔히 발전이라고 해요.

발전은 더 좋은 상태로 나아가다라는 뜻이에요. 경제 발전은 보다 많은 사람들이 더 잘살게 되는 것을 말해요. 과학 발전은 더 많은 과학 기술을 우리 생활에 유용하게 쓸 수 있게 되는 거고요.

> 그럼 발전적인 토론은 무엇일까요? (   )
>
> ① 경제 전문가들이 하는 토론
> ② 많은 사람이 하는 토론
> ③ 문제 해결에 도움이 되는 토론
> ④ 국회 의원이 하는 토론

답은 ③번이에요. 크든 작든 어떤 문제에 대하여 바람직한 결론이나 결과가 나올 수 있는 토론이 발전적인 토론이겠죠?

더 좋은 결과가 나오거나 더 낫고 좋은 상태가 될 수 있을 때, 발전적이라고 말하지요.

이렇게 해서 토론이 진전되면 문제 해결에 도움이 될 수 있어요.

진전은 일이 진행되어 나아간다는 뜻이거든요. 일의 진행에 발전이 있다는 말이죠.

展 나아갈 전

발전(發발전할발 展)
더 좋은 상태로 나아감

🔔 발전
꼭 좋은 상태로 가지 않아도 발전이라는 말을 쓸 때가 있어요. 일이 확대되거나 진행되는 것도 발전이라고 하거든요.

경제(經지날경 濟도울제) **발전**
경제적으로 더 잘살게 됨
과학(科과목과 學배울학) **발전**
과학 기술을 우리 생활에 더 유용하게 쓸 수 있게 됨
발전적(發展 的~하는적)
더 좋은 결론이나 결과가 나올 수 있는 / 더 좋은 상태가 될 수 있는
진전(進진행할진 展)
일이 진행되어 발전함

사진 전시회, 조각 전시회 등은 줄여서 사진전, 조각전이라고 부를
수 있어요.

여기에서의 전(展)은 명사 뒤에 붙어서 '전시회'라는 뜻을 나타내요.
그럼 빈칸을 채우면서 다양한 전시회를 살펴볼까요?

환경 ☐ 은 환경을 주제로 한 다양
한 제품들을 전시해요. 환경 오염
을 줄이는 음식물 처리기, 수질 정
화기, 신에너지 발전기 등과 관련
된 것들을 전시할 수 있겠죠.

풍물 ☐ 은 각 지역의 놀이와 구경
거리 그리고 지역 특산물 등을 보고 즐기는 전시예요.
세계 풍물전이 열리면 세계 각국의 음식이나 놀이 등 각 나라의 문
화를 엿볼 수 있는 좋은 기회가 되지요.

특별 ☐ 은 특별한 사건, 특정한 날이나 사람을 기념하기 위한 전시
회를 말해요.

크리스마스를 기념하면
'크리스마스 특별전'이죠.

개인 ☐ 은 한 사람의
작품만을 전시하는 전시회,
국 ☐ 은 '대한민국 미술 대전'을
줄여서 부르는 말이에요.
'나라 국(國)' 자가 쓰였거든요.

展 **전시회 전**

- **환경전**(環주위환 境장소경 展)
  환경을 주제로 한 다양한 제품
  을 보여 주는 전시회
- **풍물전**(風풍속풍 物물건물 展)
  각 지역의 풍속에 따른 놀이와
  구경거리, 물건 등을 보여 주는
  전시회
- **특별전**
  (特특별할특 別다를별 展)
  특별한 날이나 사건, 사람을 기
  념하는 전시회
- **개인전**(個낱개 人사람인 展)
  한 사람의 작품만 전시하는 전
  시회
- **국전**(國나라국 展)
  나라에서 주관하는 '대한민국
  미술 대전'의 준말

🔔 시화전

시화(詩시시 畵그림화)는 시와
그림을 말해요. 시화전은 그림
이 곁들여진 시를 전시하는 것
을 말하죠.

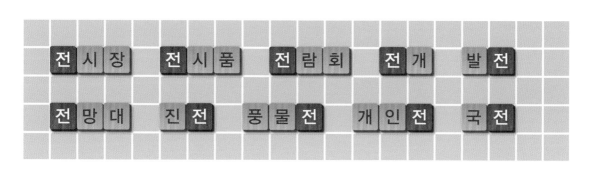

전시장 전시품 전람회 전개 발전

전망대 진전 풍물전 개인전 국전

展
펼칠 전

| 전시 |
| 전시품 |
| 전시물 |
| 전시장 |
| 전시회장 |
| 전시관 |
| 전시실 |
| 전시용 |
| 전람 |
| 전람회 |
| 전시회 |
| 전개 |
| 전망 |

1 공통으로 들어갈 한자를 따라 쓰세요.

시
개 — 특 별
망

展
펼칠 전

망 대

발
진
국

2 어떤 낱말에 대한 설명인지 쓰세요.

1) 전시된 물건이나 물품 ➡ ☐☐☐

2) 어떤 일이 벌어지거나 내용이 발전해 감 ➡ ☐☐

3) 여러 가지 물품들을 한 장소에 모아서 봄 ➡ ☐☐

4) 일이 진행되어 발전함 ➡ ☐☐

5) 한 사람 작품만 전시하는 전시회 ➡ ☐☐☐

3 알맞은 낱말을 찾아 문장을 완성하세요.

1) 현재 국립중앙박물관에서는 선사 시대 유물을 ☐☐ 하고 있습니다.

2) 피카소 그림은 제1 ☐☐☐ 에 주로 있습니다.

3) 서울 타워에 오르니 탁 트인 서울의 ☐☐ 이 멋지네.

4) 그 이야기는 흥미진진하게 ☐☐ 되었다.

5) 농촌과 도시 지역이 골고루 균형 있게 ☐☐ 할 필요가 있다.

4 문장에 어울리는 낱말을 골라 ○표 하세요.

1) 박물관의 (전시품 / 전시실)을 함부로 만지면 안 돼요!

2) 이 드라마가 어떻게 (전개 / 전망)될지 정말 궁금해.

3) 엘리베이터를 타고 서울 타워 (전망대 / 전시장)에 올라갔어.

4) 세계 (특별전 / 풍물전)이 열리면 세계 문화를 엿볼 수 있어.

5) 나는 과학자가 되어서 우리나라 (과학 발전 / 경제 발전)에 기여할 거야!

5 다음 중 밑줄 친 낱말이 <u>어색한</u> 것을 고르세요. (   )

① 대통령은 다음 주 유럽 5개국을 <u>전람</u>할 예정이다.
② 이 사업은 <u>전망</u>이 좋아서 꼭 성공할 겁니다.
③ 결국 아이들 싸움이 어른들 싸움으로 <u>발전</u>하고 말았다.
④ 어제 회의에서 논의의 <u>진전</u>이 좀 있었습니까?

6 그림을 보고, 빈칸에 들어갈 알맞은 전시회를 쓰세요.

1)

2)

3)

4)

| 전망대 |
| 발전 |
| 경제 발전 |
| 과학 발전 |
| 발전적 |
| 진전 |
| 환경전 |
| 풍물전 |
| 특별전 |
| 개인전 |
| 국전 |
| 시화전 |

가격 표시, 의사 표시

인형이 갖고 싶지만, 가격 표시를 보니 너무 비싸네요. 그래서 결국 엄마에게 인형을 사겠다는 의사 표시를 못했어요. 여기서 쓰인 가격 표시와 의사 표시의 '표시'는 같은 말 같지만 그 뜻이 달라요. 표의 한자어도 다르고요. 가격 표시의 표시(標示)는 표하여 외부에 알린다는 뜻이에요. 반면 의사 표시의 표시(表示)는 겉으로 보인다는 의미로 '표현'이라는 말과 바꾸어 쓸 수 있지요.

表 겉 표	示 보일 시
겉으로 보이게 함	

- **표정**(表 情마음 정)
  마음속의 느낌이 얼굴로 드러남
- **표현**(表 現나타날 현)
  생각, 느낌 등을 말이나 몸으로 드러냄
- **표출**(表 出날 출)
  겉으로 나타냄
- **대표**(代대신할 대 表)
  전체를 대신하여 나타냄
- **발표**(發드러낼 발 表)
  밖으로 드러내어 알림
- **표결**(表 決결단할 결)
  회의에서 의사를 표시해 결정함

겉으로 드러내는 표(表)

'겉 표(表)'는 물체의 겉 부분을 뜻해요.
좋고, 싫음이 얼굴 표정에 모두 드러난다고 하죠? 이렇게 마음속의 느낌이 얼굴로 드러나는 것을
표정이라고 해요.
마음을 말이나 몸짓 등으로 드러내면 표현이고, 겉으로 감정을 드러내는 것은 표출이에요.
마음속의 감정들을 너무 감추고 표출하지 않으면 병이 될 수 있

으니 감정은 그때그때 표현하세요.

전교 어린이 회의를 하면 회장은 우리 반을 대표해서 참석해요.

대표는 전체를 대신해서 어느 한 명을 겉으로 나타낸다는 뜻이에요.

회의에 참석한 대표는 우리의 의견을 대신해서 발표하고, 의사 결정은 표결로 해요. 표결은 생각을 표시해서 결정한다는 뜻이지요.

구별해 주는 표(標)

'표할 표(標)'는 다른 것과 구별해 준다는 뜻이 있어요.

물건을 고를 때 상표를 보고 어느 회사 제품인지 알 수 있지요.

이름을 적은 이름표를 보면 누가 누구인지 알 수 있고요.

이때의 표(標)는 눈에 띄게 해야 잘 구별할 수 있어요. 그래서 어떤 목적을 이루려고 구체적으로 표를 해 둔 것을 목표라고 하지요.

목표로 삼는 물건은 표적이고요.

여러분들은 어떤 목표를 세우고 있나요? 자신의 목표를 글귀로 적어 붙여 놓는 친구들도 있어요. "청소년들이여, 꿈을 높게!", "인생은 성적순이 아니다!" 이런 것을 표어라고 해요. 표어는 주장하는 말을 간결하게 나타내는 말이에요. 표를 해 두고 본보기로 삼을 만한 것을 뜻하기도 해요. 표본은 본보기로 삼을 만한 것으로 주로 과학실에서 다양한 동식물 표본을 볼 수 있지요.

앞에서 설명한 겉 표(表)와 한 번 더 비교해 볼까요? '겉 표(表)' 자를 쓴 표지(表紙)는 종이의 겉장을 말해요. 하지만 책의 읽을 곳을 구별하기 위해 표시 해 두는 표지(標識)는 이름표에 쓰는 '표할 표(標)' 자를 쓴다는 것을 기억하세요.

標 표할 표	示 보일 시
표하여 외부에 보이게 함	

■ **상표**(商장사 상 標)
다른 상품과 구별하기 위한 기호나 표시

■ **이름표**(標)
이름을 적은 표

■ **목표**(目눈 목 標)
목적을 이루려고 표를 해 둔 것

■ **표적**(標 的~할 적)
목표로 삼는 물건

■ **표어**(標 語말씀 어)
주장하는 말을 간결하게 나타낸 말

■ **표본**(標 本근본 본)
본보기로 삼을 만한 것

■ **표지**(表 紙종이 지)
종이의 겉장

■ **표지**(標 識적을 지)
표시를 하여 다른 것과 구별하게 함

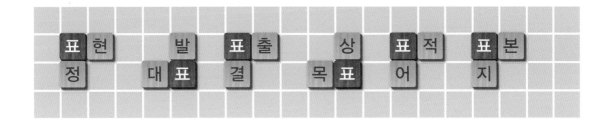

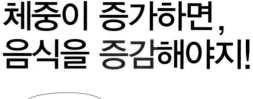

체중이 증가하면,
음식을 증감해야지!

몸무게를 자유자재로 **증감**시킬 수 있다면 얼마나 좋을까?

맛있는 음식을 잔뜩 먹고 난 다음 날 몸무게를 재 봤어요. 세상에! 체중이 5kg이나 증가했네요. 다이어트를 해서 다시 원래의 몸무게로 줄여야 해요. 이렇게 사물의 수나 양이 늘어나거나 줄어드는 것을 증감이라고 해요. 증감은 서로 반대인 뜻을 가진 단어가 합쳐진 말이에요. '늘어나다'는 뜻의 증(增)과 '줄어들다'는 뜻의 감(減)이 합쳐진 낱말이지요.

늘어나고 늘어나는 증(增)

여러분은 어떤 과자를 좋아해요?

맛있다고 입소문이 난 과자는 팔리는 수량이 갑자기 늘어나서 가게에서 사기 힘든 경우가 있어요.

이렇게 갑자기 수량이 증가해 버린 것을 급증이라고 해요. 급증한 수량을 맞추기 위해서는 공장의 규모를 늘리고, 직원들도 많이 뽑아서 과자를 더 많이 만들어야 돼요.

이렇게 늘어날 때는 '더할 증(增)' 자를 써요.

양이 많아지거나 규모가 커지는 것은 ☐대, 양을 늘리는 것은 ☐량,

사람의 수를 더 늘리는 것은 ☐원,

增 더할 증	減 줄일 감
늘어나거나 줄어듦	

■ **증가**(增 加더할 가)
수나 양이 늘어남

■ **급증**(急급할 급 增)
급히 늘어남

■ **증대**(增 大큰 대)
양이 많아지거나 규모가 커짐

■ **증량**(增 量헤아릴 량)
양을 늘림

■ **증원**(增 員사람 원)
사람의 수를 늘림

■ **증진**(增 進나아갈 진)
세력이나 기운이 늘어나거나 나아감

■ **증폭**(增 幅폭 폭)
범위를 넓혀 크게 함

시간이 지날수록 점점 더 늘어나고 나아졌을 때는 ☐진이라고 해요.
그런데 증진이라는 말은 다른 말에도 쓸 수 있어요.
식욕 ☐☐, 기억력 ☐☐, 시력 ☐☐ 등 우리 몸의 능력이나
기운 등이 점점 더 좋아진다는 의미로도 사용하지요.
한편, 새로 나온 영화를 소개할 때 "○○ 감독의 새로운 영화에 관
객들의 기대감이 증폭되고 있습니다."라고 말하죠? 또, 뉴스에
서 "논란이 증폭된다, 궁금증이 증폭된다."라는 말이 나오기도 해
요. 이때의 증폭은 폭이나 범위가 커진다는 뜻이에요. 어떤 사건의
기대감, 논란이나 궁금증이 커진다는 뜻이지요.

줄어들고 줄어드는 감(減)

인기있는 과자라도 잘 팔리
지 않으면 회사에서는 만드
는 과자의 양을 줄일 거예요.
이렇게 수나 양이 줄어드는
것을 감소라고 해요. 감(減)
자에는 '줄어든다'는 뜻이 있
거든요.

수가 급격하게 줄어드는 것은 급☐,
과자를 만드는 데 드는 돈을 줄이는 것을 삭☐,
공장의 규모나 기계의 수를 덜어내서 줄이는 것은 ☐축,
고용했던 직원들의 수, 즉 사람의 수를 줄이는 ☐원도 있지요.
제품에 들어가는 과자의 양을 줄이는 감량도 있어요.

감소(減 少적을 소)
수나 양이 줄어서 적어짐

급감(急減)
급히 줄어듦

삭감(削깎을 삭 減)
깎아서 줄이거나 덞

감축(減 縮줄일 축)
덜어 줄임

감원(減員)
사람의 수를 줄임

감량(減量)
양을 줄임

급 증	증 원	증 대	급 감	삭 감	감 축
가	진	폭	소	원	량

씨낱말
블록 맞추기

표 시

1 공통으로 들어갈 낱말을 쓰세요.

표시(表示)
표정
표현
표출
대표
발표
표결
표시(標示)
상표
이름표
목표
표적
표어
표본
표지(表紙)
표지(標識)

2 주어진 낱말을 넣어 문장을 완성하세요.

1)
태혁이가 우리 반을 ☐☐하여 ☐☐했다.

2) 표 정
현
마음속의 느낌이 얼굴로 드러나는 것은 ☐☐, 생각이나 느낌을 말이나 몸으로 드러내는 것은 ☐☐이다.

3) 목
표 지
올해 ☐☐를 잊지 않기 위해 공책 ☐☐에 적어 두었다.

4) 표 어
적
주장하는 말을 간결하게 적어 나타내는 말은 ☐☐, 목표로 삼는 물건은 ☐☐이다.

3 문장에 어울리는 낱말을 골라 ○표 하세요.

1) 달의 (표면 / 표정)은 보기와 달리 울퉁불퉁하단다.
2) 책 (표지(表紙) / 표지(標識))에 낙서를 하면 되겠니?
3) 식품을 살 때에는 원산지 (표시(表示) / 표시(標示))를 꼭 확인하렴.
4) 이번 (발표 / 대표)는 민석이가 제일 잘했어.
5) 나의 올해 (목표 / 상표)는 지각하지 않기야.

씨낱말
블록 맞추기

증 감

❶ 공통으로 들어갈 낱말을 쓰세요.

| 가 |
| 진 |

| 급 |
| 대 |

| 원 |
| 폭 |

→ ☐

증감

증가

급증

증대

증량

증원

증진

증폭

감소

급감

삭감

감축

감원

감량

❷ 주어진 낱말을 넣어 문장을 완성하세요.

1)
| 급 | 증 |
| 감 |

급히 늘어나면 ☐☐, 급히 감소하면 ☐☐이다.

2)
| 증 | 진 |
| 폭 |

기운이나 세력이 늘어나거나 나아가는 것은 ☐☐,
사물의 범위를 넓혀 크게 하는 것은 ☐☐이다.

3)
| 감 | 량 |
| 원 |

양을 줄이는 것은 ☐☐, 사람의 수를 줄이는 것은
☐☐이다.

❸ 문장에 어울리는 낱말을 골라 ○표 하세요.

1) 마라톤 대회의 참가자의 수가 (증가 / 증진)하면서 기대감이 커지고 있어.
2) 건강에 좋지 않으니까 몸무게를 최대한 (감량 / 감원)해 보자.
3) 예산이 (삭감 / 감량)되어서 최대한 아껴 써야 해.
4) 사람들이 찾지 않아서 판매량이 (급증 / 급감)했어.

❹ 짝 지은 낱말의 관계가 [보기]와 다른 것 두 개를 고르세요. (   )

| 보기 | 증가 – 감소 |

① 급증 – 급감   ② 증폭 – 증대   ③ 증량 – 감량
④ 증진 – 증감   ⑤ 증원 – 감원

더 담을 수 있게 용량을 크게 크게

용 량

> 컴퓨터 **용량** 큰 걸로 바꾸자.

> 냉장고 **용량** 큰 것부터.

컴퓨터 용량, 냉장고 용량 등 용량이라는 말을 흔히 쓰지요? 용량이 뭐 길래 사람들은 큰 용량을 원하는 걸까요? 용량은 '담을 용(容)'과 '헤아릴 량(量)' 자가 합쳐진 낱말이에요. 그릇이나 가구에 담을 수 있는 양을 말해요. 그러니까 컴퓨터의 용량은 저장할 수 있는 정보의 양이겠지요.

담거나 받아들이는 용(容)

용기는 무언가 담을 수 있는 그릇을 말해요. 그릇처럼 용량을 갖고 있는 것을 모두 용기라고 말할 수 있지요. 이 용기 안에 담긴 물건은 내용물이고요.

내용도 내용물처럼 안에 담긴 것을 뜻하지만 내용물과 달리 눈에 보이거나 만질 수 없을 때가 많아요. 휴대 전화 문자처럼 '전하고자 하는 뜻'도 내용이에요. 글의 내용이나 사건의 내용도 마찬가지예요.

용(容)은 '받아들인다'는 뜻도 있어요.

어떤 것을 받아들이는 것은 수용, 허락하여 받아들이는 것은 허□, 너그럽게 받아들이는 것은 관□, 받아들여 이해하는 것은 □납, 지은 죄나 잘못까지 받아들이는 것은 □서예요.

容 담을 용	量 헤아릴 양(량)
그릇 등에 담을 수 있는 양	

- **용기(容 器그릇 기)**
  무언가를 담을 수 있는 그릇
- **내용물(內안내 容 物건물)**
  용기 안에 담긴 물건
- **내용(內 容)**
  안에 담긴 것, 전하고자 하는 뜻
- **수용(收받을 수 容)**
  어떤 것을 받아들임
- **허용(許허락할 허 容)**
  허락하여 받아들이는 것
- **관용(寬너그러울 관 容)**
  너그럽게 받아들임
- **용납(容 받아들일 용 納받아들일 납)**
  받아들여 이해함
- **용서(容 恕용서할 서)**
  지은 죄나 잘못까지 받아들임

48

받아들인다는 뜻으로 쓰일 때는 사람의 태도나 행위에 관련된 낱말
이 많네요.

분량을 뜻하는 량(量)

'헤아릴 양(量)'은 세거나 재고, 나눌 때 쓰는 말이에요.
수량은 사물의 수와 양을 말해요. 수량의 많고 적음에 부피의 크고
작은 정도까지 포함하는 말은 분량이라고 하죠.
분량과 비슷한 말로 함량이 있
어요. 과일 주스 병에 '오렌지
100% 함량'이라고 과일 함량
이 적혀 있지요? 함량은 포함
하고 있는 분량을 말하는데,
내용물의 함량이 높을수록 대
부분 가격도 비싸겠죠?
중량은 무거운 정도를 나타내
는 양으로 대부분 물건의 무게

너무
맛있어요.

오렌지 함량
100%니까
그렇지.

를 잴 때 쓰는 말이에요. 그러니깐 친구에게 "넌, 중량이 어떻게 되
니?"라고 물으면 안 돼요. 물건은 양만 따져서 양적으로 평가해도
되지만, 사람을 물건처럼 취급하면 안 되잖아요.
식사를 하고 남은 음식물 쓰레기를 버릴 때는 종량제 봉투에 담아
버려야 해요. 종량제는 용량에 따라서 비용을 정하는 제도예요. 또
전기나 수도도 사용한 양을 계량하여 비용을 내니까 종량제라고 할
수 있지요. 계량은 사용한 양을 헤아린다는 말이거든요.

■ **수량**(數_수^수 量)
셀 수 있는 수와 양

■ **분량**(分_{나눌 분} 量)
수량의 많고 적음 / 부피의 크
고 작은 정도

■ **함량**(含_{머금을 함} 量)
어떤 성분을 포함하고 있는 분량

■ **중량**(重_{무게 중} 量)
= 무게
무거운 정도를 나타내는 양

■ **양적**(量_{헤아릴 량} 的_{~할 적})
분량이나 수량과 관계된 또는
그런 것

■ **종량제**(從_{따를 종} 量 制_{법 제})
용량에 따라 비용을 정하는 제도

■ **계량**(計_{셀 계} 量)
사용한 양을 헤아림

내	용		허	관		분		함		계
기		수	용	용	납	수	량	중	량	종	량	제

강아지도 나도 포유류

포 유 류

너랑 나랑 모두 같은 **포유류**구만.

내가 강아지랑 같은 종류라고?

동물도감이나 과학책을 읽다 보면 동물을 설명하는 낱말이 대부분 한자어라서 어렵게 느껴질 때가 있어요. 하지만 한자의 뜻을 풀어 보면 의외로 쉽답니다. 예를 들어 포유류의 한자 '먹일 포(哺)', '젖 유(乳)', '무리 류(類)'를 풀이하면, 새끼를 낳아 젖을 먹여 키우는 동물의 무리라는 뜻이에요. 어때요, 어렵지 않죠?

등뼈가 있는 동물, 등뼈가 없는 동물

어류는 붕어나 고등어 같은 물고기 동물의 무리를 말해요.
조류는 백조나 참새 같은 날개 있는 새 동물의 무리이고요.
양서류는 개구리, 두꺼비처럼 땅과 물속 양쪽에서 산다고 해서 양서류이지요.
파충류는 기어다니는 벌레라는 뜻으로 땅을 기어 다니는 동물의 무리를 말해요. 뱀이나 도마뱀을 생각하면 '아하!' 알겠지요?
지금까지 살펴본 어류, 양서류, 파충류, 조류, 포유류는 모두 등뼈인 척추가 있어서 척추동물이에요. 등뼈가 없는 동물은 '없을 무(無)' 자를 붙여서 무척추동물이고요.
이제 무척추동물을 알아볼까요?

哺	乳	類
먹일 포	젖 유	무리 류

새끼를 낳아 젖을 먹여 키우는 동물의 무리

■ **어류**(魚 물고기 어 類)
물고기 무리

■ **조류**(鳥 새 조 類)
새 무리

■ **양서류**(兩 둘 양 棲 살 서 類)
물속과 땅, 양쪽에서 사는 동물의 무리

■ **파충류**(爬 기어 다닐 파 蟲 벌레 충 類)
기어 다니는 벌레 같은 동물의 무리

■ **척추동물**(脊 등뼈 척 椎 등뼈 추 動 움직일 동 物 물건 물)
등뼈가 있는 동물

■ **무척추**(無 없을 무 脊椎)**동물**
등뼈가 없는 동물

강장동물은 창자가 빈 동물을 말해
요. 말미잘, 해파리 등이 있지요.
편형동물의 편형은 모양이 납작
하고 편평한 형태라는 뜻이에요.
납작한 모양의 플라나리아가 속
하지요.
연체동물은 연한 몸체라는 뜻이

에요. 몸이 말랑말랑한 오징어, 문어, 달팽이는 연체동물이겠네요.
환형동물은 모양이 고리 같은 동물로 지렁이, 거머리가 있지요.
극피동물은 '가시나무 극(棘)' 자가 들어가요. 피부가 가시로 된 동
물로 온 몸이 가시 껍질로 되어 있어요. 불가사리나 성게가 있죠.
절지동물은 다리에 마디가 있다는 뜻으로 개미, 메뚜기, 거미, 꽃
게 등이 있어요.

동물을 나누는 다양한 기준

동물을 분류할 때, 등뼈와 상관없이 다양한 기준으로 나눌 수 있어
요. 육지의 코끼리와 바닷속 상어를 기준으로 알아볼까요?
코끼리는 포유류로 체온이 일정하게 유지되는 정온동물이지요.
반면 상어는 어류로 체온이 변하는 변온동물이에요.
무엇을 먹느냐에 따라서도 다르게 부를 수 있는데, 코끼리처럼 풀
을 먹는 동물은 초식동물, 상어처럼 고기를 먹는 동물은 육식동물
이에요. 또한 코끼리는 육지 위에 사는 육상동물, 상어는 바닷속에
사는 수중동물이지요.

■ **강장**(腔속빌강 腸창자장)**동물**
속이 빈 동물
■ **편형**(扁납작할편 形모양형)
동물
납작한 모양의 동물
■ **연체**(軟연할연 體몸체)**동물**
연한 몸의 동물
■ **환형**(環고리환 形모양형)**동물**
모양이 고리같이 둥근 동물
■ **극피**(棘가시나무극 皮가죽피)
동물
피부가 가시로 된 동물
■ **절지**(節마디절 肢팔다리지)**동물**
다리에 마디가 있는 동물
■ **정온**(定정할정 溫체온온)**동물**
체온이 일정한 동물
■ **변온**(變변할변 溫)**동물**
체온이 변하는 동물
■ **초식**(草풀초 食먹을식)**동물**
풀을 먹는 동물
■ **육식**(肉고기육 食)**동물**
고기를 먹는 동물
■ **육상**(陸육지육 上위상)**동물**
땅 위에서 사는 동물
■ **수중**(水물수 中가운데중)**동물**
물속에서 사는 동물

용 량

1 공통으로 들어갈 낱말을 쓰세요.

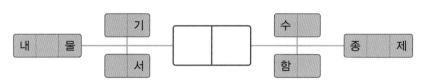

용량
용기
내용물
내용
수용
허용
관용
용납
용서
수량
분량
함량
중량
무게
양적
종량제
계량

2 주어진 낱말을 넣어 문장을 완성하세요.

1) 분 / 계 량

음식을 할 때는 정해진 ☐☐ 만큼 저울로 ☐☐ 하여 넣어 주는 게 좋아요.

2) 내 용 물 / 기

이 ☐☐ 에 담긴 ☐☐☐ 을 분류하세요.

3) 관 / 수 용

☐☐ 은 어떤 것을 받아들이는 것, ☐☐ 은 너그 럽게 받아들이는 것이다.

4) 허 / 내 용

이 영화는 어린이에게 적합하지 않은 ☐☐ 이므로 학교에서 상영하는 것은 ☐☐ 할 수 없습니다.

5) 함 / 수 량

셀 수 있는 수와 양은 ☐☐ , 어떤 성분을 포함하고 있는 분량은 ☐☐ 이다.

3 문장에 어울리는 낱말을 골라 ○표 하세요.

1) 전기료는 사용한 만큼 비용을 내는 (계량제 / 종량제)야.

2) 이 주스는 딸기 (수량 / 함량)이 높아서 진짜 딸기를 먹는 것 같아.

3) 내가 잘못했어. 제발 (용서 / 용납)해 줘.

4) 외국 문물을 (수용 / 관용)하여 다양한 문화로 발전했어요.

5) 우리 반 아이들에게 나눠 줄 연필 (수량 / 중량)이 부족해.

씨낱말
블록 맞추기

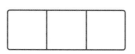

❶ [보기]의 낱말과 관련이 있으며, 새끼를 낳아 젖을 먹여 키우는 동물의 무리를 뜻하는 낱말을 쓰세요.

|보기| 호 랑 이   인 간
토 끼   개   곰

❷ 주어진 낱말을 넣어 문장을 완성하세요.

1)

땅과 물속, 양쪽에서 사는 개구리는 ☐☐☐ ,
벌레처럼 기어 다니는 뱀은 ☐☐☐ 이다.

2)

		강
		장
		동
연	체	동	물

몸이 말랑말랑한 문어는 ☐☐☐☐ ,
창자가 비어 있는 말미잘은 ☐☐☐☐ 이다.

3)

다리에 마디가 있는 개미는 ☐☐☐☐ ,
납작한 모양의 플라나리아는 ☐☐☐☐
이죠.

❸ 문장에 어울리는 낱말을 골라 ○표 하세요.

1) 사람은 체온이 일정한 (변온 / 정온)동물이다.

2) 온 몸이 가시로 된 성게는 (환형 / 극피)동물이다.

3) 풀을 먹는 코끼리는 (초식 / 육식)동물이다.

4) 상어와 코끼리는 등뼈가 있는 (척추 / 무척추)동물이다.

5) 몸이 둥근 고리 모양의 지렁이는 (환형 / 절지)동물이다.

포유류
어류
조류
양서류
파충류
척추동물
무척추동물
강장동물
편형동물
연체동물
환형동물
극피동물
절지동물
정온동물
변온동물
초식동물
육식동물
육상동물
수중동물

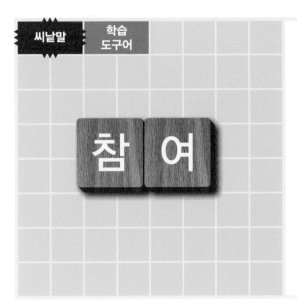

함께 참여해 봐요!

인기투표

나도 참여할래!

참여는 어떤 일에 끼어서 함께하는 것을 말해요. '참여할 참(參)'과 '더불 여(與)' 자가 합쳐진 낱말로 둘 이상의 사람이 함께한다는 뜻이지요. "설문 조사에 참여해 주세요."라는 말은 설문 조사에 함께해 달라는 말이에요. 좋아하는 가수의 인기투표나 학교에서 하는 벼룩시장에 참여할 수도 있어요.

참여하는 참(參)

참여와 비슷한 뜻의 참가는 그 쓰임이 달라요. 참가는 단순한 일이 아닌 모임이나 단체 또는 그곳에서 하는 일에 관계하여 들어간다는 뜻이에요. 미술 대회나 마라톤 대회에 참가한다고 하잖아요.
동참은 여럿이 어떤 모임이나 일에 참가하는 것으로 "기부에 동참하자."와 같이 쓸 수 있어요.
참석은 모임이나 회의 등이 열릴 때 직접 가서 참여하는 거예요. 학부모 회의에 참석하거나, 동아리 모임에 참석하지요.
참전은 전쟁에 참가하는 것을 뜻해요. 또 '끼어든다'라는 뜻이 잘 드러나는 참견이라는 말도 있어요. 자기와 별로 상관없는 일에 끼어들어서 아는 척하고 이래라저래라 한다는 뜻이지요.

參 참여할 참	與 더불 여
어떤 일에 끼어서 함께함	

■ **참가**(參 加더할 가)
모임이나 단체 또는 그곳에서 하는 일에 관계하여 들어감

■ **동참**(同한가지 동 參)
여럿이 어떤 모임이나 일에 참가함

■ **참석**(參 席자리 석)
모임이나 회의 등이 열릴 때 직접 가서 참여함

■ **참전**(參 戰싸울 전)
전쟁에 참가하는 것

■ **참견**(參 見볼 견)
자기와 별로 상관없는 일에 끼어들어 이래라저래라 하는 것

■ **참모**(參 謀꾀할 모)
윗사람을 도와 어떤 일을 꾀하고 꾸미는 데에 참여하는 사람

54

윗사람을 도와서 어떤 일을 꾀하고 꾸미는 데에 참여하는 사람은 참모라고 해요. 죽은 사람의 넋을 기리거나 신에게 절하는 일에 참여하는 것은 참배라고 하고요.

한편 참(参)에는 '살피다'라는 뜻도 있어요.

일이나 공부에 도움이 될 만한 글이나 물건들을 살펴보는 것은 참고, 참고하여 견주어 보거나 맞대어 살펴보는 것을 참조라고 하지요.

여러 사람이 함께하는 여(與)

'더불다, 함께하다'는 뜻의 여(與)가 들어간 낱말들도 살펴볼까요?

현직 대통령이 속한 정부와 함께하는 정당을 여당이라고 해요. 반면에 현재 정부와 함께하지 않는 정당은 야당이에요. 여당과 야당을 아울러 여야라고 부르지요. 여야는 여론에 신경을 많이 쓰는데, 대중의 공통된 의견이란 뜻이에요.

여(與)는 '주다'는 뜻도 있어요.

기여는 어떤 일에 큰 도움을 주는 것이에요. 상장, 증서, 훈장 등을 준다는 뜻의 수여라는 말도 있지요.

여(與)는 도움을 주는 것 말고도 권리나 일 등을 주는 것이나 사물이나 일에 가치나 뜻을 두는 부여가 있지요.

주는 일에는 빌려주는 일도 포함되는데, 물건이나 돈을 빌려주는 것은 대여예요. 여부란 그런 것과 안 그런 것, 또는 그런지 안 그런지 하는 여지라는 뜻이지요.

참배(参 拜절 배**)**
죽은 사람의 넋을 기리거나 신에게 절하는 일에 참여함

참고(参 考살필 고**)**
일이나 공부에 도움이 될 만한 글이나 물건들을 살펴봄

참조(参 照견주어 볼 조**)**
참고하여 견주어 봄

여당(與 黨무리 당**)**
현재 정부와 함께하는 정당

야당(野들 야 **黨)**
현재 정부와 함께하지 않는 정당

여야(與 野)
여당과 야당을 아울러 부르는 말

여론(與 論논할 론**)**
대중의 공통된 의견

기여(寄부칠 기 **與)**
어떤 일에 큰 도움을 줌

수여(授줄 수 **與)**
증서, 상장, 훈장 등을 줌

부여(附붙을 부 **與)**
권리나 일을 주는 것 / 사물이나 일에 가치나 뜻을 두는 것

대여(貸빌릴 대 **與)**
물건이나 돈을 빌려줌

여부(與 否아닐 부**)**
그런 것과 안 그런 것, 또는 그런지 안 그런지 하는 여지

세계 평화에 기여한 당신에게 노벨평화상을 **수여**합니다.

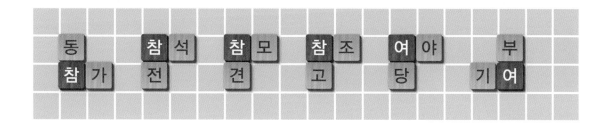

| | 동 | | 참 | 석 | | 참 | 모 | | 참 | 조 | | 여 | 야 | | | 부 | |
| 참 | 가 | | 전 | | | 견 | | | 고 | | | 당 | | | 기 | 여 | |

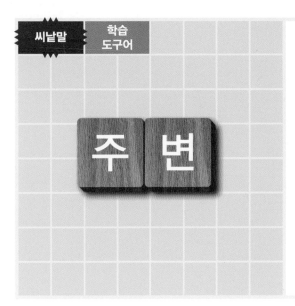

주변과 주위를 둘러 봐!

길을 건널 땐 **주변**을 잘 살펴야 해.

걸어다닐 때, 길을 건널 때에는 주변을 잘 살펴야 하죠? 주변은 '둘레 주(周)'와 '가장자리 변(邊)'이 합쳐진 말로 가까운 둘레라는 뜻이에요. 주변과 비슷한 뜻의 주위라는 말도 있어요. 주위는 '둘레위(圍)'가 쓰여 어떤 곳의 바깥 둘레라는 뜻이지요. 그러고 보니 주변과 주위는 모두 둘레라는 뜻을 지닌 말이군요.

주(周)로 시작하는 낱말

신문 기사에 "그것은 주지의 사실이다."라는 말을 본 적이 있나요? 무척 어려운 말 같지만 글자를 하나씩 살펴보면 의외로 쉬워요.

주지는 두루 아는 것이에요. 여기서 주(周)는 '두루'라는 뜻으로 쓰였고, 지(知)는 '알다'라는 뜻이거든요. '주지의 사실'은 여러 사람이 두루 알고 있는 사실이라는 말이었네요.

그런데 주(周)에는 '돈다'는 뜻도 있어요.

주년은 일 년을 단위로 돌아오는 특정한 날의 햇수를 세는 단위예요. 특정한 날이 꼭 한 해가 되어 돌아온 날을 1주년이라고 하고, 특정한 날이 꼭 두 번째 해가 되어 돌아온 날은 2주년이지요.

주파수는 전파나 음파가 1초 동안 되풀이되는 파동의 수를 말해요.

周 둘레 주	邊 가장자리 변
어떤 것에서 가까운 둘레	

■ **주위**(周 圍둘레 위)
어떤 곳의 바깥 둘레

■ **주지**(周 知알 지)
여러 사람이 두루 아는 것

■ **주년**(周 年해 년)
일 년을 단위로 하여, 돌아오는 특정한 날의 햇수를 세는 단위

■ **1주년**(1周 年)
특정한 날이 꼭 한 해가 되어 돌아온 날

■ **2주년**(2周 年)
특정한 날이 꼭 두 번째 해가 되어 돌아온 날

■ **주파수**(周 波물결 파 數셀 수)
전파나 음파가 1초 동안 되풀이되는 파동의 수

가장자리와 둘레를 뜻하는 낱말

가장자리나 둘레를 뜻하는 말에는 변(邊)이나 위(圍) 자가 들어가요. 땅의 가장자리를 무엇이라고 할까요?

다른 나라와 맞닿아 있는 가장자리 변두리 땅을 변경 또는 변방이라고 해요. 변(邊)이 '가장자리'라는 뜻이거든요. 빈칸을 채우며 가장자리 땅을 알아봐요.

강의 가장자리에 잇닿아 있는 땅은 강◯,

바닷물과 땅이 서로 닿은 곳은 해◯이라고 하잖아요.

강변은 강가, 해변은 바닷가라고도 해요.

수학에도 변이 있어요.

등호나 부등호 왼쪽에 있는 수나 식을 좌변,

오른쪽에 있는 수나 식을 우변이라고 하지요.

신변은 몸과 몸의 주변이란 뜻이에요.

"신변에 변화가 있다.", "신변에 위협을 느끼다."와 같이 쓰이죠.

다변화는 일의 방법이나 모양이 다양하고 복잡해지는 것을 뜻해요.

이제, 둘레를 의미하는 위(圍)가 들어간 낱말도 살펴보도록 해요.
빠져나가지 못하게 둘레를 에워싸는 것은 포위, 어떤 것이 정해지거나 미치는 테두리는 범위라고 해요. 그러면 사물이나 상황을 에워싸고 있는 기운은? 바로 분위기예요.

휴~ 이번 시험 범위는 너무 넓어.

나 포기…

- **변경**(邊 境지경 경)
  다른 나라와 맞닿아 경계가 되는 변두리 땅
- **변방**(邊 方모 방)
  중심에서 멀리 떨어진 가장자리 지역
- **강변**(江강 강 邊) = **강가**
  강의 가장자리에 잇닿아 있는 땅
- **해변**(海바다 해 邊) = **바닷가**
  바닷물과 땅이 서로 닿은 곳
- **좌변**(左왼좌 邊)
  등호나 부등호 왼쪽의 수나 식
- **우변**(右오른쪽 우 邊)
  등호나 부등호 오른쪽의 수나 식
- **신변**(身몸 신 邊)
  몸과 몸의 주변
- **다변화**(多많을 다 邊 化될 화)
  일의 방법이나 모양이 다양하고 복잡해지는 것
- **포위**(包쌀 포 圍)
  빠져나가지 못하게 둘레를 에워싸는 것
- **범위**(範한계 범 圍)
  어떤 것에 미치는 테두리
- **분위기**(雰날릴 분 圍 氣기운 기)
  사물이나 상황을 에워싸고 있는 기운

1 공통으로 들어갈 낱말을 쓰세요.

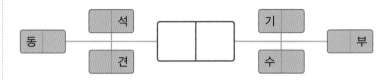

참여
참가
동참
참석
참전
참견
참모
참배
참고
참조
여당
야당
여야
여론
기여
수여
부여
대여
여부

2 주어진 낱말을 넣어 문장을 완성하세요.

1) 동 / 참 여

여럿이 어떤 일이나 모임에 참여하는 것은 ☐☐ , 어떤 일에 끼어서 함께하는 것은 ☐☐ 이다.

2) 부 / 여 론

자격이 없는 사람에게 총리의 직책을 ☐☐ 하자, 자격을 박탈해야 한다는 ☐☐ 이 들끓었다.

3) 참 조 / 고

일이나 공부에 도움이 될 만한 글이나 물건들을 살펴보는 것은 ☐☐ , 참고하여 견주어 보거나 맞대어 살펴보는 것은 ☐☐ 이다.

4) 참 전 / 모

전투에서 ☐☐ 의 전략에 따라 움직였더니, ☐☐ 한 병사들의 사기가 올랐다.

3 문장에 어울리는 낱말을 골라 ○표 하세요.

1) 그 모임에는 (참석 / 참견)하지 못할 것 같아.

2) 이번 선거에서 (야당 / 여야)은(는) 여당을 누르고 크게 승리했다.

3) 현충일에 국립묘지에 (참전 / 참배)하러 가기로 했어.

4) 이번 사건은 사실 (여부 / 부여)를 확인해 볼 필요가 있어.

1 공통으로 들어갈 낱말을 쓰세요.

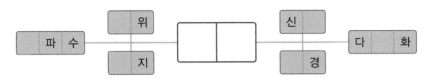

| 주변 |
| 주위 |
| 주지 |
| 주년 |
| 1주년 |
| 2주년 |
| 주파수 |
| 변경 |
| 변방 |
| 강변 |
| 강가 |
| 해변 |
| 바닷가 |
| 좌변 |
| 우변 |
| 신변 |
| 다변화 |
| 포위 |
| 범위 |
| 분위기 |

2 주어진 낱말을 넣어 문장을 완성하세요.

1) 주 변 / 위

어떤 것에서 가까운 둘레는 ☐☐, 어떤 곳의 바깥 둘레는 ☐☐이다.

2) 해 / 강 변

바다 가장자리에 맞닿아 있는 땅은 ☐☐, 강의 가장자리에 맞닿아 있는 땅은 ☐☐이다.

3) 다 / 신 변 / 화

국제 범죄 기술이 ☐☐☐되면서 ☐☐에 위협을 느끼는 여행객들이 많은 것으로 조사되었다.

4) 분 / 범 위 / 기

선생님이 시험 ☐☐를 발표하자, 반 ☐☐☐가 급격히 나빠졌다.

3 문장에 어울리는 낱말을 골라 ○표 하세요.

1) 바닷바람이 불어오는 (해변 / 강변)은 걷기가 참 좋아.

2) 경찰은 도둑들이 있는 곳을 겹겹이 (포위 / 주위)했어.

3) 나라의 경계가 되는 변두리 땅은 (좌변 / 변경)이야.

4) 여러 사람이 두루 아는 것은 (주년 / 주지)라고 해.

훌쩍 뛰어넘는 초월

나도 스파이더맨처럼 인간의 능력을 **초월**하고 싶어.

스파이더맨이나 슈퍼맨은 하늘을 날거나 순식간에 이동하는 상상을 초월하는 능력이 있어요. 이렇게 어떤 테두리나 표준을 뛰어넘는 것을 초월이라고 해요. '넘을 초(超)', '넘을 월(越)'은 모두 넘는다는 뜻의 한자어예요. 만화 속 영웅들은 대부분 보통의 능력을 뛰어넘는 엄청난 능력인 초능력을 발휘하죠.

넘고, 넘어서는 초(超)

초(超)가 붙은 낱말들은 모두 넘다는 뜻이 담겨 있어요.
일정한 수나 정도를 넘는 것을 초과라고 해요. 피시방에서 쓴 돈이 용돈을 초과하기도 하죠.
초(超)가 붙은 낱말들을 더 살펴볼까요?
뜻밖의 긴급 사태는 비상, 비상보다 더 긴박한 비상 사태는 ☐비상,
매우 빠른 속도는 고속, 고속을 넘어서는 훨씬 빠른 속도는 ☐고속,
소리의 속도는 음속, 소리의 속도를 넘어선 속도는 ☐음속,
그럼 사람이 들을 수 있는 범위를 넘은 음파는? ☐음파예요.
초(超)가 붙은 낱말 중에는 무서운 말도 있어요. 귀신이나 도깨비를 초자연적인 존재라고도 하잖아요.

超 넘을 초 　 **越** 넘을 월

어떤 테두리나 표준을 뛰어넘는 것

- **초능력**
(超 能할수있을 능 力힘 력)
보통의 능력을 뛰어넘는 엄청난 능력
- **초과**(超 過지날 과)
일정한 수나 정도를 넘는 것
- **초비상**(超 非아닐비 常항상상)
비상보다 더 긴박한 비상 상태
- **초고속**(超 高높을고 速빠를속)
고속을 넘어서는 훨씬 빠른 속도
- **초음속**(超 音소리음 速)
소리의 속도를 넘어선 속도
- **초음파**(超 音 波물결파)
사람이 들을 수 있는 범위를 넘은 음파

기상 이변이나 쓰나미, 씽크홀 같은 현상도 초자연적인 일이죠.
초자연은 자연의 법칙을 초월한 신비적인 존재나 힘이라는 뜻이에
요. 이러한 초자연적 현상은 인간이 자연 앞에서는 얼마나 작은 존
재인가를 느끼게 하지요.

넘나들고, 뛰어넘는 월(越)

월(越)도 '넘다'는 뜻을 가지고 있어요.
하지만 넘어서는 대상이 초(超)와는 약간 다르지요.
먼저 '월'은 지역을 넘나드는
경우에 쓰여요. 남에서 북으
로 넘어가는 것은 월북, 북에
서 남으로 넘어가는 것은 월
남이에요. 우리나라는 남과
북으로 나뉜 분단국가이기 때
문에 월북이나 월남을 마음대
로 할 수 없어요.

통일이 된다면 쉽게
월남하고 **월북**할
수 있겠지?

다른 것과 비교하여 그것을 뛰어넘을 때에도 '월'을 사용해요.
힘, 재주, 솜씨 등이 남보다 훨씬 뛰어날 때는 탁월, 실력이 무리
중 남들보다 뛰어난 것은 월등이지요.
탁월은 사람한테만 쓸 수 있는 말이에요.
뒤에서 따라잡아서 앞의 것을 뛰어넘는 것은 추월이라고 해요.
이렇게 탁월, 월등, 추월은 모두 다른 것과 비교하여 그것을 뛰어넘
는다는 공통점이 있는 말이랍니다.

■ **초자연**(超 自스스로 자 然그러
할 연)
자연의 법칙을 초월한 신비적
인 존재나 힘
■ **월북**(越 北북녘 북)
남에서 북으로 넘어감
■ **월남**(越 南남녘 남)
북에서 남으로 넘어감
■ **탁월**(卓높을 탁 越)
힘, 재주, 솜씨 등이 남보다 훨
씬 뛰어남
■ **월등**(越 等무리 등)
실력이 무리 중에서 남들보다
뛰어남
■ **추월**(追쫓을 추 越)
뒤에서 따라잡아서 앞의 것을
뛰어넘음

초	과		초	고	속		초	음	파			추		월	북		탁	월
능				비				음				초	월	남				등
력				상				속										

배우거나 겪어서 지식을 쌓아요

지 식

지식 쌓으러 다니는 중.

우리는 공부하면서 새로운 것을 알게 되지요? 때로는 경험을 통해서도 새로운 것을 알게 되고요. 이렇게 배우거나 실제로 겪어서 알게 된 것을 지식이라고 해요. 지식은 안다는 뜻의 지(知)와 안다는 뜻의 식(識)이 합쳐진 말이에요. 공부를 열심히 하면 지식이 많이 쌓이고, 아는 것이 많아져요. 이렇게 공부를 많이 해서 지식이 있는 사람을 지식인이라고 부르지요.

알다의 지(知)

여러분은 왜 공부를 해요? 공부의 재미는 무엇일까요?

공부의 목적은 아직 모르는 것을 새롭게 아는 기쁨에 있어요.

또 배우면서 느끼는 깨달음에서 즐거움을 찾을 수도 있고요.

새로운 법칙 등을 배우고 확인할 때 "아! 그렇구나!" 하고 무릎을 치면서 깨달음을 얻게 되지요?

이렇게 알아서 깨닫는 것을 지각이라고 해요.

아직 알지 못하는 것은 '아닐 미(未)' 자를 넣어 미지라고 하고요.

지식이 없는 사람은 무지한 사람이라고 하고, 반면에 지식이 있는 경우에는 지적인 사람이라고 해요.

知 알 지 | 識 알 식

배우거나 실제로 겪어서 알게 된 것

■ **지식인**(知識 人사람 인)
지식이 있는 사람

■ **미지**(未아닐 미 知)
알지 못함

■ **지각**(知 覺깨달을 각)
알아서 깨달음

■ **무지**(無없을 무 知)
지식이 없음

■ **지적**(知 的~할 적)
지식이나 지성에 관한 것

그런데 지적인 사람이나 지식인이 되려면 어떤 능력이 필요할까요? 생각하고 기억하거나 셈하는 등 머리를 잘 사용하는 능력인 지능이 높으면 좋겠죠. 하지만 지능이 높고 지식이 많다고 무조건 훌륭한 사람이 되는 것은 아니에요.

지식을 활용하여 올바르게 판단하고 이해하는 능력인 지성이 중요하지요. 그러니까 여러분도 지식뿐만 아니라 지성을 갖춘 사람인 지성인이 되어야겠지요?

알다의 식(識)

상식은 사람들이 널리 알고 있는 보통의 지식이에요. 사회가 우리에게 요구하는 예의나 질서 등이 상식이지요. 물론 예의나 질서를 지키려는 태도가 전혀 없는 사람들도 있어요. 이런 사람들을 가리킬 때 몰상식한 사람이라고 말해요. 상식이 없다는 뜻으로 '없을 몰(沒)' 자가 쓰였지요.

상식과 비슷한 말로 양식이란 말도 있어요. 양식은 도덕이나 상식에 걸맞은 바른 생각이나 판단이에요.

누가 이런 **몰상식**한 짓을 했담!

그렇다면 양식 있는 사람이 되기 위해서는 무엇이 필요할까요?
어떤 일에 대한 깨달음이나 생각인 의식이 필요해요.
많은 것을 넓게 아는 박식, 배워서 얻은 지식인 학식도 필요하지요.

- **지능**(知 能능력 능)
  생각하거나 기억하거나 셈하는 등 머리를 잘 사용하는 능력
- **지성**(知 性성품 성)
  지식을 활용하여 올바르게 판단하고 이해하는 능력
- **지성인**(知性人)
  지성을 갖춘 사람
- **상식**(常항상 상 識)
  사람들이 널리 알고 있는 보통의 지식
- **몰상식**(沒없을 몰 常識)
  상식이 전혀 없음 / 예의나 질서를 지키려는 태도가 전혀 없음
- **양식**(良어질 양 識)
  도덕이나 상식에 걸맞은 바른 생각이나 판단
- **의식**(意뜻 의 識)
  어떤 일에 대한 깨달음이나 생각
- **박식**(博넓을 박 識)
  많은 것을 넓게 아는 것
- **학식**(學배울 학 識)
  배워서 얻은 지식

미 지식 무 지적 지능 적 양 상식 학 박식 몰 상 식

1 공통으로 들어갈 낱말을 쓰세요.

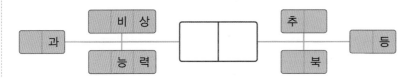

과 ─ 비 상 / 능 력 ─ □ □ ─ 추 / 북 ─ □ 등

2 주어진 낱말을 넣어 문장을 완성하세요.

1) 초 월 / 능 / 력

보통 사람의 능력을 □□하면, 스파이더맨처럼 □□□을 가지게 된다.

2) 추 / 탁 월

뒤에 있는 것이 앞에 있는 것을 따라잡아 앞서는 것은 □□, 힘이나 재주, 솜씨 등이 남보다 훨씬 뛰어난 것은 □□이다.

3) 초 고 속 / 비 / 상

조용했던 소방서에 갑자기 □□□이 걸려서 소방관들이 □□□으로 출동했다.

4) 월 북 / 남

남쪽에서 북쪽으로 넘어가는 것은 □□, 북쪽에서 남쪽으로 넘어가는 것은 □□이다.

3 문장에 어울리는 낱말을 골라 ○표 하세요.

1) 이번 달은 지출이 수입을 (초월 / 초과)했어.

2) 지연이의 할아버지는 고향이 개성으로 한국 전쟁 때 (월남 / 월등)하셨어.

3) 아빠는 뛰어난 능력 덕분에 (초음파 / 초고속)(으)로 승진하셨어.

4) 귀신이나 도깨비는 (초자연 / 초음속)적인 존재야.

초월
초능력
초과
초비상
초고속
초음속
초음파
초자연
월북
월남
탁월
월등
추월

씨낱말
블록 맞추기

지 식

_____월 _____일 / 정답 142쪽

① 공통으로 들어갈 낱말을 쓰세요.

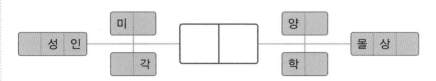

② 주어진 낱말을 넣어 문장을 완성하세요.

1) 지 식 / 식 / 인

배우거나 실제로 겪어서 알게 된 것은 ☐☐이고,
지식이 있는 사람은 ☐☐☐이라고 한다.

2) 무 / 지 적

지식이 없는 ☐☐한 사람도 공부를 많이 하면
☐☐인 사람이 될 수 있다.

3) 박 식 / 양 식

도덕이나 상식에 걸맞은 바른 생각이나 판단은 ☐☐,
많은 것을 넓게 아는 것은 ☐☐이다.

4) 몰 / 상 / 학 식

배워서 얻은 지식은 ☐☐이고, 예의나 질서를 지키
려는 태도가 없는 것은 ☐☐☐이라고 한다.

③ 문장에 어울리는 낱말을 골라 ○표 하세요.

1) 학교에서 수업을 열심히 들으며 (의식 / 학식)을 쌓자.
2) (지각 / 지적) 호기심이 있어야 공부에 흥미가 생기지.
3) 그는 여러 방면에 아는 것이 많은 (박식 / 상식)한 사람이야.
4) 우주는 아직 알려지지 않은 것이 많은 (무지 / 미지)의 세계야.

| 지식 |
| 지식인 |
| 미지 |
| 지각 |
| 무지 |
| 지적 |
| 지능 |
| 지성 |
| 지성인 |
| 상식 |
| 몰상식 |
| 양식 |
| 의식 |
| 박식 |
| 학식 |

거래가 활발한 오일장

거 래

물건이 가면 돈이 오네. 룰루랄라.

돈이 가면 물건이 오네. **거래**는 즐거워.

재래시장이나 오일장에 가면 흔히 볼 수 있는 풍경이 있어요. 상인들이 파는 물건이 손님에게 가면 손님의 돈이 상인에게 오는 모습이지요. 이렇게 물건이나 돈이 오가는 것을 거래라고 해요. '갈 거(去)'와 '올 래(來)' 자가 합쳐진 낱말이지요. 세상에는 돈 말고도 가고 오는 게 많아요. 그럼 가고 오는 낱말들을 살펴볼까요?

가는 것은 거(去)

과거에는 물건을 만들어 파는 사람과 물건을 사는 사람을 이어 주는 중간 상인이 많았어요. 과거는 이미 지나간 시간을 말해요. 요즘에는 중간 상인을 통하지 않고 직접 거래하는 방식인 직거래를 이용하는 사람들이 늘어나고 있지요.

물건이 이동하는 것과 관련된 낱말을 빈칸을 채우며 살펴봐요.

쓰레기 같은 물건을 거두어 가는 것은 수ㅁ,

안 좋은 냄새나 물건을 없애거나 사라지게 하는 것은 제ㅁ예요.

예를 들면 얼룩 제거나 악취 제거 같은 것이지요.

사람이 가는 것과 관련된 낱말도 있어요.

어떤 사람이 학교나 회사 등 어디를 가거나 다니는 건 ㅁ취,

去 갈 거 | **來** 올 래

물건이나 돈 등이 가고 오는 것

■ **과거**(過지날 과 **去**)
지나간 시간

■ **직거래**(直곧을 직 **去來**)
물건을 사는 사람과 파는 사람이 직접 거래함

■ **수거**(收거둘 수 **去**)
거두어 감

■ **제거**(除없앨 제 **去**)
안 좋은 냄새나 물건을 없애거나 사라지게 함

■ **거취**(**去** 就이룰 취)
어디를 가거나 다님

■ **퇴거**(退물러날 퇴 **去**)
있던 자리에서 옮겨 가거나 물러감

있던 자리에서 옮겨 가거나 물러가는 것은 퇴 ☐ 라고 하지요.

오는 것은 래(來)

래(來)는 온다는 뜻의 낱말에 쓰여요. "근래 세계적인 가수들의 내한 공연이 이어지고 있습니다."

첫 내한 공연이에요.

근래 보기 드문 인파군!

Thank You

○○ 내한 환영!

이런 뉴스를 본 적이 있나요? 여기서 근래는 가까운 요즈음을 뜻하고, 내한은 한국으로 오는 것을 뜻해요.

"나는 본래 성질이 급한 사람이 아니야."에서 본래는 처음부터라는 뜻으로 원래와도 같은 말이지요.

이밖에도 올 래(來)가 들어간 낱말이 우리 주변에는 꽤 많아요.

미래는 아직 오지 않은 때이니, 앞으로 올 때를 말해요.

도래는 어떤 시기나 기회가 닥쳐온다는 뜻이죠.

왕래는 어디를 가고 온다는 말이에요. 요즘은 유치원 친구들, 멀리 사는 친척들과의 왕래가 뜸하지요?

유래는 물건이나 사건이 생겨난 과정을 말해요.

초래는 어떤 결과를 가져오게 한다는 것을 뜻해요.

가고 오는 것에 관련된 낱말을 익히다 보니, 시간이 훌쩍 흘러가 버렸네요! 이렇게 낱말을 익히다 보면 여러분이 낱말 박사가 되는 날이 곧 도래할 거예요.

■ **근래**(近가까울 근 來)
가까운 미래

■ **내한**(來 韓나라 이름 한)
한국에 옴

■ **본래**(本근본 본 來)

■ = **원래**(元처음 원 來)
처음부터

■ **미래**(未아닐 미 來)
앞으로 올 때

■ **도래**(到이를 도 來)
어떤 시기나 기회가 닥쳐옴

■ **왕래**(往갈 왕 來)
어디를 가고 오고 함

■ **유래**(由말미암을 유 來)
사물이나 일이 생겨남

■ **초래**(招부를 초 來)
어떤 결과를 가져오게 함

과		수			퇴		도		본		초
거	취	직	거	래	제	거	미	래	왕	래	유	래

아프면 근심이 생기는 병환

불교에서는 사람의 일생에 큰 고통이 따르는 일이 네 가지가 있다고 해요. 바로 생로병사예요. 사람이 태어나고, 늙고, 병들고, 죽는 일을 말하지요. 이 가운데 나이가 많은 웃어른이 병들었을 경우 병환이 드셨다고 해요. 병환은 '병 병(病)'과 '근심 환(患)'이 합쳐진 낱말인데, 병이 나면 당연히 근심이 생기겠지요? 그래서 병을 앓는 사람을 병자, 또는 환자라고 해요.

병이 있어요, 병(病)

몸과 마음에 생기는 온갖 병을 질병이라고 해요.

다치거나 사고를 당해서 혼자만 아픈 병도 있지만 다른 사람에게 옮기는 병도 있어요.

병이 전염된다고 해서 전염병이지요. 전염병은 세균이나 바이러스처럼 병의 원인이 되는 병원균이 다른 사람에게 옮겨 가서 생기는데, 콜레라, 홍역, 수두가 대표적이죠.

病 병 병	患 근심 환
병의 높임말	

- **생로병사**(生날 생 老늙을 노 病병병 死죽을 사)
  사람이 나고, 늙고, 병들고, 죽는 일
- **병자**(病 者사람 자)
  = 환자(患者)
  병을 앓거나 다친 사람
- **질병**(疾병질 病병병)
  몸과 마음에 생기는 온갖 병
- **전염병**
  (傳전할 전 染물들일염 病)
  전염이 되는 병 / 옮는 병
- **병원균**
  (病原근원 원 菌세균 균)
  병을 일으키는 원인이 되는 여러 가지 균

전염병은 예방 주사를 맞아서 미리 막기도 하지만, 평소에 밖에 나갔다 오면 손발을 잘 씻는 등 개인의 위생 관리와 청결한 생활을 하는 것이 중요해요.

어떤 지역의 독특한 기후나 자연환경 때문에 생기는 병은 풍토병이라고 해요. 날씨가 아주 더운 열대 지방의 말라리아나 황열, 장티푸스, 콜레라 등이 풍토병이에요.

이렇게 질병에 걸리면 어떻게 할까요? 병원에 가야겠지요.

병원은 환자를 치료하는 데에 필요한 장비를 갖추어 놓은 곳이에요.

한동안 병을 치료해야 한다면, 환자가 머무르며 치료를 받는 병실에 입원을 해야 하죠.

이렇게 환자를 간호하고 시중 드는 일은 간병이에요.

친구나 친척이 찾아와서 위로해 주는 것은 문병이고요.

우리 몸의 특정한 어떤 곳에 병이 생기는 경우도 많아요.

폐에 생기는 병은 폐□, 위나 장에 생기는 병은 위장□이라고 해요. 눈에 생기는 병은 눈□이고, 한자로는 안질이라고도 하지요.

근심이 많아요, 환(患)

나이가 많고 늙어 갈수록 아픈 데가 많아져요. 연세가 높은 할아버지, 할머니는 전염병이나 암 같은 큰 병에 걸리지 않더라도 늙고 쇠약해지면서 몸 여기저기가 아프고 탈이 나기도 해요. 이를 노환이라고 해요.

질환은 질병과 비슷한 말이에요. 병 또는 상처가 난 곳은 환부라고 하지요.

풍토병(風바람 풍 土흙 토 病)
어떤 지역의 독특한 기후나 자연환경 때문에 생기는 병

병원(病 院집 원)
환자를 치료하고, 치료하는 데 필요한 장비를 갖추어 놓은 곳

병실(病 室집 실)
환자가 치료를 받는 방

간병(看볼 간 病)
환자 곁에서 간호하고 시중을 듦

문병(問물을 문 病)
아픈 사람을 찾아가 위로함

폐병(肺폐 폐 病)
폐에 생기는 병

위장병(胃밥통 위 腸창자 장 病)
위나 장에 생기는 병

안질(眼눈 안 疾) = 눈병
눈병

노환(老늙은이 노 患)
늙고 쇠약해지면서 몸 여기저기가 아프고 탈이 나는 것

질환(疾 患근심 환)
질병

환부(患 部거느릴 부)
병 또는 상처가 난 곳

질	병		간			폐		위	장	병		노	환		질	환
	원		병	실		눈	병			원			자			부
										균						

1 공통으로 들어갈 낱말을 쓰세요.

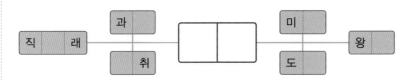

거래

과거

직거래

수거

제거

거취

퇴거

근래

내한

본래

원래

미래

도래

왕래

유래

초래

2 주어진 낱말을 넣어 문장을 완성하세요.

1)   퇴
   제 거

안 좋은 냄새나 물건을 없애거나 사라지게 하는 것은 ☐☐, 사람이 있던 자리에서 옮겨 가거나 물러가는 것은 ☐☐라고 한다.

2)   과
   거 취

지나간 ☐☐는 자꾸 생각하지 말고, 앞으로 너의 ☐☐를 어디로 할지 생각해 봐.

3)   도
   미 래

첨단 과학 기술이 더 발전하게 될 ☐☐에는 우주로 여행을 가는 시대가 ☐☐할 것이다.

4)   본
   근 래

나는 ☐☐는 성질이 급한 사람이 아닌데, ☐☐에 공부가 잘 되지 않으면 자꾸 화부터 내서 걱정이야.

3 문장에 어울리는 낱말을 골라 ○표 하세요.

1) 쓰레기를 분리하여 (수거 / 퇴거)해 주세요.

2) (본래 / 근래)에 연예인이 꿈인 청소년들이 부쩍 늘고 있어요.

3) 그 마을 이름은 옛날에 말을 키우던 동네라는 뜻에서 (유래 / 초래)했다.

4) 요즘 친척들과 (미래 / 왕래)가 뜸해서 명절에 만나면 서먹서먹해.

씨낱말 블록 맞추기

병 환

① 공통으로 들어갈 낱말을 쓰세요.

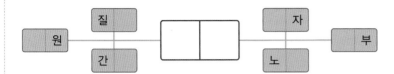

병환
생로병사
병자
환자
질병
전염병
병원균
풍토병
병원
병실
간병
문병
폐병
위장병
안질
눈병
질환
환부
노환

② 주어진 낱말을 넣어 문장을 완성하세요.

1) 질병 / 원
몸과 마음에 생기는 온갖 병은 ☐☐이고, 이를 치료하는 곳은 ☐☐이다.

2) 간병 / 실
환자가 치료를 받는 ☐☐에는 곁에서 간호하고 시중을 드는 ☐☐하는 사람이 있다.

3) 환자 / 부
의사가 ☐☐의 상처가 난 곳인 ☐☐를 살펴보았다.

4) 안질 / 환
봄철, 눈에 생기는 ☐☐은 꽃가루 때문에 생기는 유행성 ☐☐인 경우가 대부분이다.

③ 문장에 어울리는 낱말을 골라 ○표 하세요.

1) 여름에는 다른 사람에게서 옮는 (전염병 / 위장병)을 조심해야 해.
2) 내가 병원에 있을 때 (간병 / 문병)을 와 준 친구가 무척 고마웠다.
3) 할아버지는 연세가 무척 많으셔서 (노환 / 환부)으로 고생하신다.
4) 열대 지방에서 많이 걸리는 (풍토병 / 위장병)은 말라리아가 많아.

	1)									7)
								6)		
	2)			5)						
	3)								9)	
			4)					8)		
10)							15)			
		12)			13)	14)				
11)									19)	
			17)					18)		
	16)									

정답 ∣ 142쪽

🔑 가로 열쇠

1) 안에 담긴 물건   3) 양에 따라 비용을 정하는 제도
4) 물건이나 돈 등이 가고 오는 것   5) 풀만 먹는 동물
6) 지역의 독특한 기후나 자연환경 때문에 생기는 병
8) 일이나 공부에 도움이 될 만한 글이나 물건들을 살펴보는 것
10) 먼저 머릿속에 들어와 고정 관념이 된 생각
11) 알아서 깨달음
12) 배워서 얻은 지식
13) 예의나 질서를 지키려는 태도가 전혀 없는 것 ↔ 상식
16) 마음을 밝히는 소중한 본보기라는 뜻을 지닌 제목의 책
17) 증거를 들어서 사실 여부를 밝힘
18) 지은 죄나 잘못까지 받아들이는 것

🔑 세로 열쇠

1) 한국에 옴
2) 일의 가장 나중
6) 각 지역의 풍속에 따른 놀이와 구경거리, 물건 등을 보여 주는 전시회
7) 아픈 사람을 찾아가 위로함
9) 고속을 넘어서는 훨씬 빠른 속도
10) 앞을 먼저 볼 줄 아는 지혜
14) 다른 상품과 구별하기 위한 기호나 표시
15) 배우거나 실제로 겪어서 알게 된 것
17) 늘어나거나 줄어듦
19) 물속과 땅 위, 양쪽에서 사는 동물 무리

2장

7회 ___월 ___일

열 개

개업을 축하해요_74

통할 통

어이구, 답답해.
말이 통해야지_80

8회 ___월 ___일

도읍 도

수도 서울은
거대한 도시_86

특별할 특

우리는 보통 부대가
아니라 특공대!_92

9회 ___월 ___일

여러 사람 공

여러 사람을 위한
공공장소_98

약속할 약

꼬리 걸고 꼭꼭
약속해_104

10회 ___월 ___일

수 증 기
소 화

수증기가 구름이
된다고?_110

밀어내고 내보내면
소화 끝!_112

종 교
자 원

사람은 누구나 종교의
자유가 있다!_116

우리를 풍요롭게
하는 물자와 자원_118

11회 ___월 ___일

당 파
사 신

당파 싸움은
이제 그만~_122

다른 나라에 간
신하, 사신_124

약
배 수
음 운

곱해서 커지는 배수,
나눠서 작아지는
약수_128

소리의 가장 작은
단위는 음운_130

어 휘 퍼 즐 134

개업을 축하해요

開
열 개

자, 자~ 우리 가게가 □□하는 날을 기념해 오늘 오시는 손님께는 무료로 음식을 드리겠습니다.

위 그림의 빈칸에 들어갈 말은 뭘까요?

맞아요, 개업(開業)이에요. 문을 열고 사업을 새로 시작한다는 말이죠. 개업을 축하하는 행사는 개업식이라고 해요.

이처럼 개(開)는 무엇을 새로 '열다'라는 말이에요.

가게를 새로 여는 것은 개점이라고 하죠. 그런데 개점휴업이란 말도 있어요. 개점은 했지만, 장사가 잘 되지 않아 사업을 쉬는 거나 다름없는 상태를 말해요.

'열 개(開)'의 뜻을 생각하면서 빈칸을 채워 보세요.

수영장, 전시장과 같은 장소를 새로 여는 것은? ☐장,

도서관, 미술관 등을 새로 여는 것은? ☐관이에요. 도서관에서 책을 꽂아 두는 서가를 열어 사람들이 이용하게 하는 건 개가예요.

> 어떤 큰 행사를 시작할 때, 막을 연다는 뜻의 말은 무엇일까요? (   )
>
> ① 개행   ② 개막   ③ 폐막

정답은 ②번이에요. 막[幕]을 여니까[開], 개막이지요.

반대로 어떤 행사를 끝내는 것은 막을 닫는 폐막이라고 해요.

開 열 개

■ **개업**(開 業사업 업)
사업을 새로 시작함

■ **개업식**(開業 式행사 식)
개업을 축하하는 행사

■ **개점**(開 店가게 점)
가게를 엶

■ **개점휴업**(開店 休쉴 휴 業)
가게는 열었으나 장사가 잘 되지 않아 사업을 쉬고 있는 상태

■ **개장**(開 場마당 장)
장소를 엶

■ **개관**(開 館큰 건물 관)
건물을 엶

■ **개가**(開 架선반 가)
서가를 개방함

■ **개막**(開 幕막 막)
막을 엶

■ **폐막**(閉닫을 폐 幕)
막을 닫음

■ **개복**(開 腹배복)

배를 엶

■ **개복 수술**(開腹 手손수術
기술술)

배를 가르고 하는 수술

■ **절개**(切끊을절 開)

잘라서 엶

■ **개봉**(開 封봉할봉)

봉한 것을 엶

> 영화를 꼭꼭 봉해
> 놨다가 극장에서 처음
> 상영하는 것도
> **개봉**(開封)이라고 해요.

■ **개표**(開 票표)

투표함을 엶

■ **개통**(開 通통할통)

길을 열어 통하게 함

■ **개항**(開 港항구항)

항구를 엶

■ **개방**(開 放놓을방)

열어 놓음

■ **개방 경제**(開放 經다스릴경
濟구제할제)

열린 경제

■ **공개**(公여러공 開)

여러 사람에게 개방함

■ **공개강좌**(公開 講강의할강
座자리좌)

열린 강좌

■ **공개 방송**(公開 放놓을방
送보낼송)

열린 방송

하하! 생선 배를 여는 것도 개복이긴 하죠. 의사가 수술용 칼로 배를 갈라서 여는 수술을 개복 수술(開腹手術)이라고 하거든요.

잘라서 여는 것을 절개(切開)라고 하지요?

풀로 봉한 편지나 소포를 여는 건 개봉이라고 해요.

우리 반 반장을 뽑는 선거 해 봤죠? 투표함을 열어 결과를 확인하는 것을 개표라고 하잖아요. 도로나 철도 등을 새로 열면, 막혀 있던 길이 서로 통하게 되겠죠? 이것을 개통(開通)이라고 해요.

예전에 비행기가 없던 시절에는 외국과 배로 교류했어요. 그래서 항구를 연다는 뜻의 개항(開港)이 외국과 교류를 시작한다는 말이 되었죠.

이것을 개방(開放)이라고도 하지요. 이렇게 나라를 개방하면 상품이나 인력이 자유롭게 오가는 개방 경제가 발달하게 돼요.

여러 사람이 볼 수 있게 개방하는 것은 공개(公開)라고 해요.

그럼 다음 빈칸을 채워 볼까요?

학생뿐 아니라 일반인들에게 열린 강좌는? ☐☐강좌.

여러 사람이 방청객으로 참여하는 방송은? ☐☐ 방송.

무엇을 연다는 것은 새로운 시작을 의미하죠.

그래서 개(開)가 붙어 '시작하다'는 뜻을 갖게 된 말들이 많아요.

주몽 이성계 왕건

왼쪽 그림 속 사람들의 공통점은 무엇일까요?

나라를 처음 세운 사람들이에요.

개국(開國)한 사람들이죠. 개국은 나라를 시작한다는 뜻이에요.

여러분 학교의 개교기념일은 언제인가요? ☐월 ☐일.

개교는 학교가 만들어져 첫 수업을 시작한 날을 말해요.

개강은 학기 중에 처음으로 강의를 시작하는 걸 말하겠죠.

개강의 반대말은 종강이라고 해요.

방학이 끝나고 새 학기를 시작하는 건 개학, 회의를 시작하는 건 개회라고 해요. 반대로 모임을 끝내는 건 폐회라고 하죠.

그럼 멈추었던 회의나 경기를 이어서 다시 시작하는 것은?

속개 또는 재개라고 하지요. 또, 은행에서 통장을 만들어 거래를 시작하는 것은 개설이라고 해요.

천지개벽(天地開闢)이라는 말 들어 봤어요? 하늘과 땅이 새로 열릴 정도로 큰 사건이 일어났다는 뜻이에요.

단군 신화에 따르면 천지가

하늘을 열어 새 나라를 만들러 왔노라.

개벽하면서 환웅이 내려와 우리의 시조가 되었다고 해요.

우리나라는 개천절을 제정해 그날을 기념하고 있어요.

개(開)는 '펴다', '펼치다'는 뜻도 있거든요.

전개는 3차원의 입체를 평면 위에 펼치는 것을 말해요. 어떤 일을 시작하여 계속 펼쳐 나간다는 뜻도 있죠. 산개는 흩어져 펼친다는 말이에요. 흩어져 있는 별의 무리를 가리켜 산개 성단이라고 하죠.

開 시작할 개

- **개국(開 國**나라 국**)**
  나라를 시작함
- **개교(開 校**학교 교**)**
  학교를 시작함
- **개강(開 講**익힐 강**)**
  강의를 시작함
- **개학(開 學**배울 학**)**
  학기를 시작함
- **개회(開 會**모일 회**)**
  모임을 시작함
- **속개(續**이을 속 **開)**
  이어서 다시 시작함
- **재개(再**다시 재 **開)**
  다시 시작함
- **개설(開 設**세울 설**)**
  새로 설치하여 시작함
- **천지개벽(天**하늘 천 **地**땅 지 **開 闢**열 벽**)**
  하늘과 땅이 새로 열림 / 온 세상이 놀랄 만큼 큰 사건이 벌어짐
- **개천절(開 天 節**명절 절**)**
  하늘이 처음 열린 날 / 우리나라가 처음 세워진 날

開 펼칠 개

- **전개(展**펼 전 **開)**
  펼쳐 놓음 / 펼쳐 나감
- **산개(散**흩어질 산 **開)**
  흩어져 펼침
- **산개 성단(散開 星**별 성 **團**무리 단**)**
  흩어져 있는 별의 무리

개(開)는 열고 시작한다는 뜻뿐만 아니라, 시작한 것을 더 발전시킨다는 뜻도 있어요. 이것을 개척이라고 하지요.

개간은 땅을 개척할 때 쓰는 말이에요. 거친 땅을 쓸모 있는 논밭으로 만드는 걸 말하죠.

개발은 개척하여 발전시킨다는 말이에요.

계속해서 빈칸을 채워 봐요.

경제를 더욱 발전하게 만드는 것은? 경제 ☐☐.

새로운 기술을 만들어 내는 것은? 기술 ☐☐.

개화(開化)는 새로운 문물과 사상을 받아들이는 거예요. 우리나라에서는, 특히 조선 말에 서구 문물이 들어오던 시기를 개화기라고 하죠. 이때 급속한 개화를 지지하던 사람들을 개화파라고 불러요.

미개(未開)는 개화가 되지 않아 문명 발전이 뒤처졌다는 말이에요.

문명 발전이 덜 된 사회는 미개 사회,

문명 발전에 뒤처진 사람은 미개인이라 하죠.

하하. 왜 웃는지 다 알지요? 얽히고 막힌 일을 잘 처리하여 나아갈 길을 열고 개척하는 건 타개(打開), 어떤 일을 타개할 방법이나 비책은 타개책이라고 해요.

開　개척할 개

▶ 개척(開 拓넓힐 척)
새로운 분야로 넓힘

▶ 개간(開 墾밭 갈 간)
땅을 개척함

▶ 개발(開 發필 발)
개척하여 발전시킴

▶ 개화(開 化될 화)
새로운 문물을 받아들임

▶ 개화기(開化 期시기 기)
개화하는 시기

▶ 개화파(開化 派갈래 파)
개화를 주장한 사람들

▶ 미개(未아닐 미 開)
개화가 되지 않아 문명 발전이 뒤처진

▶ 미개(未開) 사회
문명 발전이 덜 된 사회

▶ 미개인(未開 人사람 인)
문명 발전이 뒤처진 사람

▶ 타개(打칠 타 開)
해결의 길을 엶

▶ 타개책(打開 策방법 책)
타개할 방법

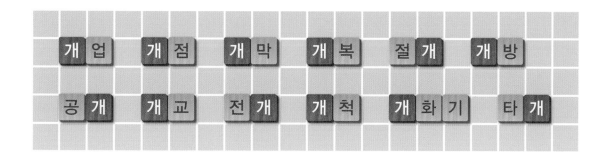

開
열 개

① **공통으로 들어갈 한자를 따라 쓰세요.**

업
막 — 화 기 — **開** — 천 지 벽 — 속
봉
열 개
재
미

② **어떤 낱말에 대한 설명인지 쓰세요.**

1) 개업을 축하하는 행사 → ☐☐☐

2) 가게는 열었으나 장사가 안 돼 사업을 쉬고 있는 상태

→ ☐☐☐☐

3) 잘라서 엶 → ☐☐

4) 학교를 시작함 → ☐☐

5) 새로운 분야로 넓힘 → ☐☐

③ **알맞은 낱말을 찾아 문장을 완성하세요.**

1) 이 난국을 어떻게 ☐☐ 해야 한단 말인가!

2) 개표 결과를 이제 ☐☐ 하겠습니다.

3) 중국 경제는 ☐☐ 이후에 눈부시게 성장하고 있어.

4) 황무지를 ☐☐ 해서 옥토로 가꾼 사람들의 땀을 잊으면 안 돼.

5) ☐☐ 기는 정말 격변의 시기였어. 김옥균은 ☐☐ 파의 한 사람이었지.

개업
개업식
개점
개점휴업
개장
개관
개가
개막
폐막
개복
개복 수술
절개
개봉
개표
개통
개항
개방
개방 경제
공개
공개강좌
공개 방송
개국
개교

4 문장에 어울리는 낱말을 골라 ○표 하세요.

1) 새로 생긴 가게 (개업식 / 개학식)에 가서 맛있는 떡을 얻어 왔지요.

2) 부산 시장님이 부산 국제 영화제 (개막 / 개장)을 선언했어.

3) 라디오 (공개 방송 / 공개강좌)은(는) 직접 가서 봐야 재미있는데.

4) 10월 3일은 (개천절 / 삼일절)로 제정해 기념하고 있어.

5) 콜럼버스는 신대륙으로 가는 신항로를 (개발 / 개척)했어.

5 다음 중 밑줄 친 말의 뜻을 바르게 설명한 것을 고르세요. (   )

> 정말 <u>천지(天地)</u>가 <u>개벽(開闢)</u>할 노릇이구먼.

① 지진이 나다   ② 발전하다
③ 아주 큰일이 생기다   ④ 울다

6 빈칸에 들어갈 알맞은 반대말을 쓰세요.

1) 폐회 ↔ ☐☐   2) 종강 ↔ ☐☐

3) 폐막 ↔ ☐☐   4) 폐교 ↔ ☐☐

개강
개학
개회
속개
재개
개설
천지개벽
개천절
전개
산개
산개성단
개척
개간
개발
개화
개화기
개화파
미개
미개 사회
미개인
타개
타개책

어이구, 답답해. 말이 통해야지

通
통할 통

> 너 경의선 **개통**되었다는 얘기 들었어?

> 어, 너 내가 곗돈 탄 거 어떻게 알았어?

사오정이 또 엉뚱한 대답을 하네요. 2007년에 서울과 신의주를 잇는 경의선이 다시 연결되었어요. 철도나 도로, 전화 같은 것이 완성되거나 이어져 통하기 시작하는 것을 개통(開通)이라고 해요.
통(通)에는 이렇게 '통하다', '오고 가다'라는 뜻이 있어요. 통하여 왔다 갔다 하는 것은 통행, 통하여 다니는 길은 통로예요.

서로의 생각이나 뜻이 통하는 것은 의사□□이라고 해요.
빈칸에 들어갈 말은 무엇일까요? (   )

① 개통   ② 소통   ③ 유통   ④ 통로

정답은 ②번이에요. 탁 트여 통하는 것이 소통이지요.
차량이 막히지 않고 잘 통할 때도 소통이 잘 된다고 하잖아요.
유통은 상품이 소비자에게 오는 과정을 물이 흐르는 것에 비유한 말이에요. 상품이 공장에서 생산되면, 창고에 보관됐다가, 자동차나 기차 또는 항공편을 통해 각지로 운반되거든요.
그리고 중간 상인들을 거쳐 시장에 오면 물건을 사는 우리를 만나게 되는 거죠. 어때요? 물이 흐르는 것 같나요?

通 **통할 통**

■ **개통**(開시작할 개 通)
철도, 도로, 전화 등이 이어져 통하기 시작함

■ **통행**(通 行갈 행)
통하여 왔다 갔다 함

■ **통로**(通 路길 로)
통하여 다니는 길

■ **소통**(疏트일 소 通)
탁 트여 통함

■ **의사소통**(意뜻 의 思생각 사 疏通)
생각이나 뜻이 서로 통함

■ **유통**(流흐를 유 通)
흐르듯이 통함 / 상품이 생산되어 소비자에게 오는 과정

… 대장경판을 보관하는 데에 영향을 끼치는 습도와 □□이 잘 조절되도록 설계되었다는 것이다. 자연적으로 습기가 조절되도록 땅에 숯과 횟가루, 찰흙 등을 넣어 다지고, 창문도 □□이 잘 되도록 만들어진, 매우 과학적인 건물이다.

通 통할 통

■ **통풍**(通 風바람 풍)
바람이 통함

■ **보통**(普널리 보 通)
널리 통함, 평범함

■ **보통례**(普 通 禮인사 례)
허리를 가볍게 숙여 하는 보통의 인사

■ **공통**(共같이 공 通)
여럿에 똑같이 통함

■ **융통**(融통할 융 通)
돈이나 물품을 빌림 / 일을 적절히 처리함

■ **융통성**(融通 性성질 성)
상황에 맞춰 일을 처리하는 재주나 감각

■ **변통**(變움직일 변 通)
상황에 맞게 움직여 통함 / 일을 적절히 처리함

■ **임시변통**(臨임시 임 時때 시 變通)
갑자기 생긴 일을 임시로 상황에 맞춰 처리함

팔만대장경을 보관하고 있는 해인사 장경판전에 관한 글이에요. 위의 빈칸에 공통으로 들어갈, '바람이 통함'이라는 뜻의 낱말은 무엇일까요? (   )

① 입풍   ② 외풍   ③ 허풍   ④ 통풍

②번이라고 한 친구는 없겠죠? 정답은 ④번, 통풍이에요.
외풍은 밖에서 들어오는 바람이라는 말이에요.
빈칸을 채우면서 계속 읽어 볼까요?
널리 통하는 것은 보□이에요. 널리 통하는 것, 즉 흔하고 평범한 것을 말해요. 선 채로 허리를 가볍게 숙여 하는 보통의 인사를 □□례라고 해요. 여럿에 똑같이 통할 때는 공□이라고 하지요.

너는 왜 그렇게 **융통성**이 없니?

당연하죠. 전 돈이 없다고요.

엥? 뭉치가 대체 무슨 말을 하고 있는 걸까요? 융통성은 상황에 맞춰 일을 처리하는 재주나 감각을 뜻해요. 그런데 돈이나 물건을 상황에 맞춰 구하는 것도 융통이라고 해요. 이때는 돈이나 물건을 빌리거나 빌려 주는 일을 가리키지요.
알고 보니 뭉치의 낱말 실력이 보통이 아닌데요?
여기서 '융통'은 변통(變通)으로 바꿔 쓸 수 있어요. 임시변통은 갑자기 생긴 일을 임시로 상황에 맞춰 처리하는 걸 뜻해요.

57분 **교통** 정보입니다. 여러분! 웬만하면… 차 끌고 나오지 마시기 바랍니다!!

자동차, 기차, 배, 비행기와 같은 탈것을 이용하여 사람이나 물건이 서로 오가는 것이 바로 교통이에요. 교통과 관련된 말들을 빈칸을 채우면서 알아볼까요?

일정한 시간에 오가는 사람이나 차의 양은 교통☐, 교통수단을 이용하는 데 드는 비용은 교통☐, 길이 그물망처럼 이리저리 분포되어 있는 것은 교통☐이에요.

그럼 교통의 흐름이 순조롭지 않아 길이 막히는 것은 무엇이라고 할까요? ( )	
① 교통 체증	② 교통 불편
③ 교통질서	④ 교통정리

정답은 ①번, 교통 체증이에요. 체증은 원래 먹은 것이 소화가 되지 않는 증상을 뜻해요. 교통 체증은 자동차로 꽉 막혀서 길이 소화가 안 되는 현상인 셈이죠.

뻥 뚫린 고속도로를 상상해 보세요. 막히지 않고 통하여 오고 갈 수 있지요? 이렇게 통(通)은 '오고 가다'는 뜻을 나타내요.

속이 안 좋아요.

조금만 참아. **교통 체증**에 체증까지… 어떡하니?

'통'의 뜻을 생각하며 다음 빈칸을 채우세요.

학교를 오고 가는 것은 ☐학, 전화로 대화가 오고 가는 것은 ☐화, 어떤 곳을 지나쳐서 가는 것은 ☐과예요.

교통수단만 세상을 오가는 것은 아니죠. 물건도 오고 가요. 물건이 나라와 나라 사이를 오고 가는 것을 통상이라고 해요. 그러니까 통상은 수출과 수입에 관련된 일을 뜻해요.

通 **오갈 통**

- **교통**(交서로 교 通)
  탈것을 이용해 사람이나 물건이 서로 오감

- **교통량**(交通 量양 양)
  일정한 시간에 오가는 사람이나 차의 양

- **교통비**(交通 費돈 비)
  교통수단을 이용하는데 드는 비용

- **교통망**(交通 網그물 망)
  교통로가 그물망처럼 이리 저리 퍼져있는것

- **교통 체증**(交通 滯막힐 체 症증세 증)
  교통의 흐름이 순조롭지 않아 길이 막힘

- **통학**(通 學학교 학)
  학교를 오고 감

- **통화**(通 話대화 화)
  전화로 대화가 오고 감

- **통과**(通 過지날 과)
  어떤 곳을 지나쳐 감

- **통상**(通 商장사 상)
  나라 간에 장사를 하며 오고 감

이렇게 휴대 전화로 친구와 문자 메시지를
주고받으면, 진짜로 이야기를 나누는
것처럼 느껴지죠? 통신 기술의 발전
덕분이에요. 멀리 있는 사람에게
소식을 알리는 것을 통신(通信)이라고 해요.
통신과 관련된 말들을 빈칸을 채우며 알아볼까요?
인터넷이나 전화처럼 통신할 수 있게 도와주는 것은 □□ 수단,
인터넷 사용료와 같이 통신할 때 드는 비용은 □□□,
그물처럼 이리저리 연결되어 있는 통신 체계는 통신□이에요.
학교에서 가정의 학부모에게 알리는 소식도 통신이에요.
학교 소식을 담아 가정에 알리는 글이 가정 □□□이잖아요.
이렇게 통(通)은 '알리다'를 뜻해요. 그래서 통장은 은행 계좌에 언
제, 얼마나 돈을 넣고 뺐는지 알려 주는 장부를 말해요.

에 문자 왔네!
띵동

通 알릴 통

■ **통신**(通 信소식신)
소식을 알림

■ **통신 수단**(通信 手손수 段단계 단)
통신을 도와주는 수단

■ **통신비**(通信 費)
통신에 드는 비용

■ **통신망**(通信 網)
그물처럼 연결된 통신 체계

■ **가정 통신문**(通信 文글문)
학교 소식을 가정에 알리는 글

■ **통장**(通 帳수첩장)
계좌의 거래 내용을 알려 주는 장부

🔔 이런 뜻도 있어요

사물의 이치나 기술, 지식을 훤히 잘 알고 있을 때에도 통(通)을 쓰지요. 사물의 이치에 대해 막
힘없이 통하는 경지에 이른 것은 통달(通達)이고, 신기할 정도로 통달한 것은 신통(神通)이에
요. 어떤 것에 대해 자세히 알고 있으면 정통하다고 말하죠. 이렇게 뒤에 '통' 자만 붙여 낱말을
만들 수 있어요. 소식에 대해 정통하면 소식통, 정보에 대해 정통하면 정보통이라고 부르죠.

■ **통달**(通 達이를 달) 사물의 이치를 막힘없이 훤히 앎
■ **신통**(神신기할신 通) 신기할 정도로 통달함
■ **정통**(精자세할정 通) 자세히 앎
■ **소식통**(通) 소식을 잘 아는 사람
■ **정보통**(通) 정보를 잘 아는 사람

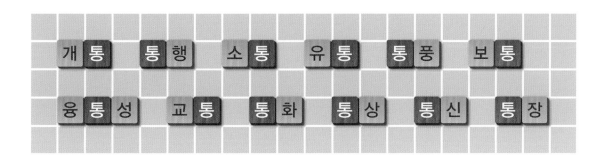
개통 통행 소통 유통 통풍 보통
융통성 교통 통화 통상 통신 통장

개통

통행

통로

소통

의사소통

유통

통풍

보통

보통례

공통

융통

융통성

변통

임시변통

교통

교통량

교통비

① **공통으로 들어갈 한자를 따라 쓰세요.**

개
소
보

융　성
신　망

通

신　수　단
의　사　소

로
신
상

통할 통

② **어떤 낱말에 대한 설명인지 쓰세요.**

1) 통하여 왔다 갔다 함 → ⬜⬜

2) 흐르듯이 통함 → ⬜⬜

3) 갑자기 생긴 일을 임시로 상황에 맞춰 처리함 → ⬜⬜⬜⬜

4) 교통수단을 이용하는 데 드는 비용 → ⬜⬜⬜

5) 계좌의 거래 내용을 알려 주는 장부 → ⬜⬜

③ **알맞은 낱말을 찾아 문장을 완성하세요.**

1) 이 분은 고구려 역사에 ⬜⬜ 하신 분이랍니다.

2) 진수는 모르는 소식이 없는 ⬜⬜⬜ 이야.

3) 영어를 잘하면 외국인과 의사 ⬜⬜ 이 원활해.

4) 교실 안의 공기가 답답하니 문을 활짝 열어 ⬜⬜ 시켜라.

5) 전화 한 ⬜⬜ 만 쓸 수 있나요?

④ 문장에 어울리는 낱말을 골라 ○표 하세요.

1) 드디어 할머니 댁까지 가는 고속도로가 (개통 / 소통)되었대.

2) 슈퍼마켓에서 음식을 살 때는 (보통 / 유통)기한을 잘 살펴봐야 해.

3) 우리 학교 야구팀은 예선을 쉽게 (통과 / 통행)했어.

4) 수업이 끝나고 선생님께서 가정(통신문 / 통신망)을 주셨어.

5) 복도에서는 좌측(통상 / 통행)을 해야 돼.

⑤ 어떤 낱말에 대한 설명인지 쓰세요.

안녕하세요.

- 일상생활에서 많이 하는 인사
- 윗사람이나 손님을 대할 때, 선 채로 허리를 가볍게 숙여 하는 보통의 인사

☐ ☐ ☐

⑥ 그림을 보고, 빈칸에 공통으로 들어갈 알맞은 낱말을 고르세요. (   )

어머니, 저에게 5천 원만 ☐☐해 주세요.

용돈 준 지가 언젠데 벌써?

아우~ 사전을 아무리 뒤져도 안 나오네.

다른 방법도 찾아봐야지, 왜 그렇게 ☐☐성이 없어?

① 소통   ② 공통   ③ 융통   ④ 신통

교통망

교통 체증

통학

통화

통과

통상

통신

통신 수단

통신비

통신망

가정 통신문

통장

통달

신통

정통

소식통

정보통

수도 서울은 거대한 도시

都
도읍 도

병풍처럼 산이 에워싸고 강이 흐르는 천연의 요새요, 교통의 요지니, **도읍**의 자리입니다.

도읍(都邑)은 수도를 말해요. 고려의 도읍은 개경으로 지금의 개성이지요. 조선의 도읍은 한양, 지금의 서울이지요. 도읍은 왕도라고도 해요. 왕이 사는 도읍이라는 뜻이에요.

도(都)는 이렇게 '도읍'을 뜻해요.

개경
한양

조선을 세운 태조 이성계는 무학 대사의 뜻에 따라 도읍을 옮기고자 했어요. 그럼 우선 도읍을 정해야죠. 이것을 정도라고 해요.

도읍을 옮기는 것은 무엇일까요? (   )

① 기도   ② 천도   ③ 유도

정답은 ②번, 천도예요. 조선이 한양으로 천도하고 나니, 개경은 예전의 권세를 잃은 고도가 되고 말았지요.

고도(古都)는 옛 도읍이라는 말이에요. 도성의 터만이 그 모습을 짐작하게 할 뿐이죠. 고려 시대에도 도읍을 강화도로 옮긴 적이 있어요. 물론 곧 개경으로 돌아왔지요. 이렇게 도읍을 한때 옮겼다가 옛 도읍으로 돌아오는 것을 환도라고 해요.

都 도읍 도

- **도읍**(都 邑마을읍)
도읍인 마을, 서울
- **왕도**(王임금왕 都)
왕이 사는 도읍, 서울
- **정도**(定정할정 都)
도읍을 정함
- **천도**(遷옮길천 都)
도읍을 옮김
- **고도**(古옛고 都)
옛 도읍, 옛 서울
- **도성**(都 城성성)
도읍의 성, 서울
- **환도**(還돌아올환 都)
옛 도읍으로 돌아옴

🔔 **천년의 고도**
경주를 부르는 말이에요. 신라, 통일 신라 시대를 거치는 천 년 동안 도읍지여서 천 년의 고도라고 해요.

都 도시 도

- **도시**(都 市시장시)
  도읍에 선 큰 시장, 큰 고을
- **수도**(首머리수 都)
  도시 가운데 으뜸가는 큰 도시,
  서울
- **도심**(都 心중심심)
  도시의 중심
- **도심지**(都心 地지역지)
  도시의 중심이 되는 지역
- **도농**(都 農농촌농)
  도시와 농촌
- **도농 격차**(都農 隔벌어질격
  差차이차)
  도시와 농촌의 차이가 벌어짐

옛날에는 도읍이 경제적으로 커다란 역할을 했어요. 큰 도읍에 제일 큰 시장이 섰거든요. 그래서 도시(都市)라는 말이 생겼지요.
큰 시장인 도시에는 사람들이 많이 모였어요. 사람이 많이 모여 사는 큰 고을을 도시라고 부르게 되었지요.

그 나라에서 으뜸가는 큰 도시는 무엇이라고 할까요? (   )

① 대도   ② 시도   ③ 수도   ④ 역도

정답은 ③번, 수도예요. 수도는 으뜸가는 도시여서, 나라의 중앙 정부가 있어요. 우리나라의 수도는 서울이잖아요.
도시의 중심은 도심이라고 해요. 도심지는 도시의 중심이 되는 지역을 부르는 말이고요. 도심지에는 주요 관공서, 은행, 회사 사무실, 백화점 등이 몰려 있어요. 그래서 도심은 복잡해요. 하지만 밤이면 사람들이 모두 집으로 돌아가기 때문에 한적하지요.
도시와 농촌을 합쳐서 도농이라고 불러요.
복잡한 도시는 농촌의 생활 모습과 여러 가지 면에서 다르지요.
아무래도 도시에 많은 시설과 혜택이 집중되다 보니, 도시와 농촌의 생활 수준이 서로 벌어져 차이가 나게 된 거예요.
이것을 도농 격차라고 해요. 오늘날 우리 사회가 도농 격차를 해소하는 것은 매우 중요한 문제랍니다.

🔔 **촌락**

촌락(村마을촌 落마을락)은 도시의 반대말로 시골 마을을 뜻해요. 도시에 비해 인구 밀도가 낮고, 주로 농림 수산업 등 1차 산업에 종사는 사람이 많지요.

🔔 **도시 국가**

고대 그리스 로마 시대에는 하나의 도시가 하나의 국가를 이룬 도시 국가였대요. 아테네, 스파르타 그리고 로마 제국 등이 대표적인 도시 국가이지요.

도회지 물이 좋긴 좋구나!

都 | 모일 도

- 도회(都 會모일 회)
  사람들이 많이 모여듦
- 도회지(都 會 地땅 지)
  사람들이 많이 모이는 번잡한
  상공업 지역
- 도회풍(都 會 風풍습 풍)
  도회지의 생활 방식
- 도(都)맡다
  일을 모아서 모두 맡다
- 도매(都 買살 매)
  모아서 묶음으로 사는 것
- 도매(都 賣팔 매)
  모아서 묶음으로 파는 것
- 도매금(都 賣 金가격 금)
  도매 가격

시골 쥐가 도착한 '도회지'는 어떤 곳일까요? (   )

① 섬이 많은 곳   ② 사람들이 많이 모여 만나는 곳

정답은 ②번이에요. 사람들이 많이 모이는 번잡한 상공업 지역을
도회지라고 해요. 그러니까 시골의 반대말인 셈이죠.
도회지와 시골은 풍경이나 생활 방식도 당연히 서로 다르겠죠?
도회지의 생활 방식을 가리켜 도회풍이라고 해요.
여기서 도(都)는 '모이다'라는 뜻이에요.
예를 들어 일을 모아서 맡으면 도맡다라고 말해요. 집안일을 엄마
혼자 도맡으면 얼마나 힘드시겠어요? 가족들이 나누어 하면 더욱 좋
겠지요?
물건을 낱개로 팔지 않고, 큰 단위로 모아서 파는 것은 도매예요.
'팔 매(賣)'를 쓰면 묶음으로 모아서 파는 것이고,
'살 매(買)'를 쓰면 묶음으로 모아서 사는 것을 말해요.

너도 피시방에서 놀다 왔지?

저까지 □□□으로 넘기지 마세요. 전 노래방에서 놀았다고요.

PC방 안갈게요!!

오른쪽 그림의 빈칸에 알맞은 말은? (   )

① 도매금 ② 현상금 ③ 상금 ④ 부조금

조금 어렵지요? 정답은 ①번이에요.
도매금(都 賣 金)은 원래 도매 가격을 말해요.
하지만 묶음으로 판다는 뜻에서, 각각의 차이가 있는데도 같은 무
리로 취급할 때 도매금으로 넘기다라고 하지요.

많은 사람이 모이면 우두머리
가 있어야죠. 그래서 도(都)
는 '많은 사람들을 모아서 거느
리는 우두머리'라는 뜻도 있었어요.
옛날이나 지금이나 집을 지으려면 여
러 사람이 필요해요. 이 여러 사람을
지휘할 사람도 필요하지요. 이런 사람을 도(都)편수라고 해요. 도
편수는 편수들의 우두머리죠. 그런데 편수가 뭐냐고요? 편수는 집
짓는 일의 각 부분을 책임지는 사람이에요. 그러니까 도편수는 집
을 지을 때, 총감독을 하는 사람이죠.
다음 빈칸에 알맞은 말은 무엇일까요?
여러 뱃사공을 거느리는 사람은
□□□, 승지 중의 우두머리는
□□□예요. 정답은 도사공, 도승지.
낱말 앞에 모두 도(都)를 붙였네요.

> 이놈들아! 거기 똑바로 해!
> 네이~ 도편수님!
> 배가 왜 산으로 가는 거야?
> 사공은 많은데 도사공이 없어서 그려.

都 우두머리 도

■ 도(都)편수
편수들의 우두머리 / 집 짓는 사람들을 총지휘하는 사람
■ 편수
집 짓는 일의 각 부분을 책임지는 사람
■ 도(都)사공
노 젓는 사공들의 우두머리
■ 도(都)승지
벼슬자리인 승지들의 우두머리

🔔 독차지
독(獨혼자 독)차지는 혼자 차지한다는 뜻이에요. 옛날에 부잣집에서 살림을 도맡아 하던 사람을 '도(都)차지'라고 불렀는데, 거기서 나온 말이지요.

🔔 **이런 뜻도 있어요**

'도합 아홉이다'라고 할 때 도합(都合)은 모두 합한 셈, 즉 합계라는 뜻이에요. 여기서 도(都)는 모두라는 뜻이지요.
도대체, 도통 등에 나오는 '도' 역시 모두라는 뜻을 나타내요. 도대체 알 수 없다는 말은 모두 알 수 없다는 말이에요. 모두 알 수 없으니 도무지 알 수 없는 거지요.

■ **도합(都 合**합할 합) 모두 합하여, 모두 합한 셈 ■ **도(都)대체** 전혀, 도무지, 도통

도읍 왕도 정도 도성 도시 수도
도심지 도회지 도매 도사공 도승지

씨글자
블록 맞추기

都
도읍 도

| 도읍 |
| 왕도 |
| 정도 |
| 천도 |
| 고도 |
| 도성 |
| 환도 |
| 도시 |
| 수도 |
| 도심 |
| 도심지 |
| 도농 |
| 도농 격차 |
| 촌락 |
| 도시 국가 |

1 공통으로 들어갈 한자를 따라 쓰세요.

| 읍 |
| 심 | 회 지 | 都 | 편 수 | 환 |
| 회 | | 도읍 도 | | 수 |

| 왕 |
| 환 |
| 수 |

2 어떤 낱말에 대한 설명인지 쓰세요.

1) 왕이 사는 도읍, 서울 → ☐☐

2) 도읍의 성, 서울 → ☐☐

3) 도시의 중심이 되는 지역 → ☐☐☐

4) 일을 모아서 모두 맡다 → ☐☐☐

5) 승지들의 우두머리 → ☐☐☐

3 알맞은 낱말을 찾아 문장을 완성하세요.

1) 대한민국의 ☐☐는 서울, 미국의 ☐☐는 워싱턴 DC예요.

2) 무학 대사는 한양을 새로운 조선의 ☐☐으로 추천했다.

3) 개경은 고려의 옛 도읍지인 ☐☐(이)다.

4) 아테네, 스파르타, 로마 등은 도시가 하나의 국가를 이룬 ☐☐ 국가다.

5) 물건을 ☐☐로 사면 낱개로 사는 것보다 훨씬 더 저렴하다.

90

4 문장에 어울리는 낱말을 골라 ○표 하세요.

1) 백제는 도읍을 위례성에서 공주로 (천도 / 고도)했다.

2) 도읍은 왕이 사는 곳이라 해서 (왕도 / 정도)라고 불렀어.

3) (부도심 / 도심)은(는) 낮 시간에 사람이 많고 교통이 복잡해.

4) 도시와 농촌의 차이가 벌어지는 것을 (도농 / 도회) 격차라고 하지.

5) 많이 걱정했잖아. (독차지 / 도대체) 어딜 다녀오는 거니?

5 그림을 보고, 빈칸에 들어갈 사람을 부르는 명칭을 쓰세요.

1)
> 이놈들아! 거기 똑바로 하지 못할까!
> 네이~ □□□님!

□ □ □

2)
> 배가 왜 산으로 가는 거야?
> 사공은 많은데, □□□이 없어서 그려.

□ □ □

6 빈칸에 들어갈 알맞은 낱말을 쓰세요.

1) 동생 : 이것도 내 거, 저것도 내 거야.

 형 : 그 많은 걸 다 □□□ 하려고 하다니, 욕심이 많구나.

2) 슈퍼마켓 주인 : 어디 보자. 만 원, 5천 원, 2만 2천 원….

 □□ 3만 7천 원이네요.

도회

도회지

도회풍

도맡다

도매(都買)

도매(都賣)

도매금

도편수

편수

도사공

도승지

독차지

도합

도대체

특별할 특

우리는 보통 부대가 아니라 특공대!

....

우리는 울트라 캡숑 □공대!

목표는 고양이 목에 방울 달기!!

위 그림의 빈칸에 들어갈 말은 무엇일까요? (   )

① 협   ② 총   ③ 성   ④ 특

정답은 ④번. '특별할 특(特)'이에요. 보통과 다르다는 뜻이죠.
특공대는 특별히 만들어진 공격 부대라는 뜻이에요.
특명은 특별한 명령이고요. 1907년 네덜란드 헤이그에서 열린 만국 평화 회의에 고종의 특명을 받은 특사가 보내졌어요. 일본이 강제로 맺은 을사조약의 부당함을 국제 사회에 알리기 위해서였죠.
특사는 보통 사절이 아니라 특별한 사절이라는 뜻이에요.
어떤 것들이 특별할지 생각하면서 빈칸을 채워 보세요.
방송사나 신문사는 사건이 터진 곳에 특별히 □파원을 보내 취재하잖아요. 갑자기 천둥, 번개가 치고 폭우가 쏟아지면, 특별한 기상 보도인 기상 □보에 귀를 기울여야 해요.
학교에서 보통 때는 하지 않는 특별한 활동은 □활, 남들이 갖지 못한 특별한 기술은 □기라고 하죠.
빈칸을 채워 완성되는 낱말은 특파원, 기상 특보, 특활, 특기예요.

特 특별할 특

■ **특공대**(特 攻공격 공 隊부대 대)
특별히 만들어진 공격 부대

■ **특명**(特 命명령 명)
특별한 명령

■ **특사**(特 使사절 사)
특별히 보내진 사절

■ **특파원**(特 派보낼 파 員사람 원)
특별히 파견된 사람

■ **기상 특보**(特 報알릴 보)
갑작스러운 기상 변화로 피해가 우려될 때 특별히 내는 보도

■ **특활**(特 活활동 활)
특별한 활동

■ **특기**(特 技기술 기)
특별한 기술 / 특별히 잘하는 것

오호! 아무나 들어갈 수 없
는 온천인가 봐요. 이렇게
보통 사람들은 누리지 못하
는 특별한 권리를 특권이라
고 해요.

그럼 다음 빈칸에 들어갈 말을 차례대로 짝 지은 것을
찾아볼까요? (   )
• 노는 것보다 공부하는 게 더 좋다니 넌 참 ⬜⬜하구나.
• 이 가방은 ⬜⬜한 소재로 만들어져 절대 찢어지지 않습니다.

① 특수-특색   ② 특색-특이
③ 특이-특수   ④ 특이-특색

정답은 ③번이에요. 특이는 특별하면서 이상한 점이 있다는 뜻이
고, 특수는 특별하고 남다르다는 뜻이에요. 어떤 점이 특별하면 특
색이 있다고 하잖아요. 특색은 보통과 다른 점이에요.

다음 빈칸에 공통으로 들어갈 말은 무엇일까요? (   )
• 청국장 ⬜⬜의 구린내
• 진돗개 ⬜⬜의 충성심
• 장미 ⬜⬜의 향기

① 특색   ② 특유   ③ 특징   ④ 특성

정답은 ②번이지요.
특유는 그것만 특별히 갖추고 있다는 말이거든요.
특징은 사자의 갈기털이나 공작새의 꽁지처럼 겉으로 쉽게 드러나
는 것이에요. 특성은 남과 다른 성질을 말하죠. 충성심이 강한 것은
진돗개의 특성이에요. 특징과 달리 특성은 밖으로 쉽게 드러나지
않아 오랫동안 관찰하고 파악해야 할 때도 있어요.

特 특별할 특

■ **특권(特 權**권리 권**)**
보통 사람은 누리지 못하는 특
별한 권리

■ **특이(特 異**다를 이**)**
특별하고 이상함

■ **특수(特 殊**남다를 수**)**
특별하고 남다름

■ **특색(特 色**모양 색**)**
특별한 면 / 보통과 다른 점

■ **특유(特 有**가질 유**)**
특별히 가지고 있음

■ **특징(特 徵**나타날 징**)**
특별히 겉으로 나타나는 것

■ **특성(特 性**성질 성**)**
특별한 성질

🔔 **특별전**
늘 전시되어 있는 상설 전시와
다른 특별한 내용으로 전시물
을 전시하는 것을 특별전(特
別다를 별 展전시회 전)이라고 해
요. 특별한 사건, 특정한 날이
나 사람을 기념하기 위해서 특
별전을 마련하지요.

특석(特 席자리 석)
특별한 자리

특등(特 等등급 등)
1등을 뛰어 넘는 특별한 등수

특선(特 選뽑힐 선)
남보다 특히 우수해서 뽑히는 것

특급(特 級등급 급) **호텔**
보통보다 뛰어난 특별한 등급의 호텔

특식(特 食밥 식)
보통과 달리 특별히 잘 차려진 식사

특급(特 急빠를 급) **열차**
보통보다 특별히 빨리 달리는 열차

특급(特級)
보통보다 특별한 등급

특급(特急)
보통보다 특별히 빠른 속도

특석(特席)은 보통보다 특별한 자리예요. 공연장이나 기차에서도 제일 좋은 자리는 특석이라고 해요. 그래도 저런 특석은 사절이라고요? 아무래도 좀 부담스러운 자리긴 하네요.

어떤 대회에 나가서 제일 잘하면 1등이 되죠? 그럼 1등보다 높은 등수도 있을까요? 있어요. 특등이 있을 수 있어요.

특등은 1등을 뛰어넘는 특별한 등수라는 말이거든요.

미술 대회의 상 중에는 특선이 있어요.

남보다 특히 우수해서 뽑히는 것이 특선이에요.

여기서 특(特)은 '보통보다 뛰어나다'는 뜻을 가지고 있어요.

뛰어난 것들에는 무엇이 더 있는지 같이 볼까요?

보통보다 뛰어난 등급의 호텔은 ◻◻ 호텔이에요.

보통과 달리 특별히 잘 차려진 식사는 ◻식이지요.

보통보다 훨씬 빨리 달리는 열차를 ◻◻ 열차라고 해요.

빈칸에 들어갈 말은 순서대로 특급, 특, 특급이에요.

앞의 특급 호텔과 특급 열차의 특급은 한자가 달라요.

특별한 등급은 '등급 급(級)' 자를 쓴 특급(特級), 보통보다 특별히 빠른 속도는 '빠를 급(急)' 자를 써서 특급(特急)이에요.

🔔 **이렇게도 쓰여요**

특(特)은 남과 다른 점을 칭찬할 때도 쓰여요.
영특(英特)하다는 말은 재주가 남달라 영리하고 뛰어나다는 뜻이에요. 기특(奇特)하다는 것은 남달리 훌륭한 행동이나 말을 한다는 뜻이죠.

■ **영특**(英재주 뛰어날 영 特남다를 특) 재주가 남다름   ■ **기특**(奇뛰어날 기 特) 남다르게 훌륭함

特 특정할 특

- **특집**(特 輯모을 집)
특별한 주제나 목적에 따라 내용을 모아 만듦

- **특정**(特 定정할 정)
특별히 정해짐

- **특화**(特 化될 화)
특정하게 됨 / 특정한 것이 높은비중을 차지하게 됨

- **특화**(特化) **작물**
특화된 작물

- **특화**(特化) **산업**
특화된 산업

- **특별법**(特 別다를 별 法법 법)
특히 다른 사항이나 지역에만 제한적으로 적용되는 법

방학에는 방학 특집, 설날에는 설날 특집, TV 특집 방송은 언제나 기대되지요? 하지만 시험 특집은 부담이 되겠죠? 하하.
특집은 특별히 정한 주제나 목적에 따라 내용을 만든다는 뜻이에요. 그리고 이렇게 특별히 정해진 것을 특정(特定)하다고 해요.

다음 빈칸에 공통으로 들어갈 말은 무엇일까요? (　　　)

- 우리 고장에서는 버섯을 ⬜⬜ 작물로 재배하고 있다.
- 우리 시의 ⬜⬜ 산업은 첨단 정보 산업이 될 것입니다.

이번에는 좀 어려웠죠? 답은 특화예요. 특정한 작물이 큰 비중을 차지하면 특화 작물이에요. 특정한 산업이 상대적으로 비중이 높으면 특화 산업이라고 하고요. 이처럼 특화는 작물이나 산업에서 특정한 것이 높은 비중을 차지하게 되었다는 뜻이지요.
법은 모든 사람 앞에 평등하다고 하지요? 그런데 법에도 '특별법'이 있어요. 모든 사람에게 제한 없이 적용되는 법이 일반법이라면, 특별법(特別法)은 특정한 사람이나 특정한 사항, 특정한 지역에만 제한적으로 적용되는 법이지요.

우리 집 **특별법**
제1조 TV 시청
하루 30분!

우씨! 이건 독재야. 독재는 물러가라.

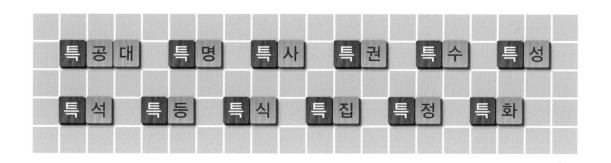

특공대　특명　특사　특권　특수　특성

특석　특등　특식　특집　특정　특화

씨글자
블록 맞추기

特별할 특

| 특공대 |
| 특명 |
| 특사 |
| 특파원 |
| 기상 특보 |
| 특활 |
| 특기 |
| 특권 |
| 특이 |
| 특수 |
| 특색 |
| 특유 |
| 특징 |
| 특성 |

1 공통으로 들어갈 한자를 따라 쓰세요.

```
       명                                    석
       활 — 공 대  [特]  기 상 보     급
       색        특별할 특               화
```

2 어떤 낱말에 대한 설명인지 쓰세요.

1) 특별한 기술, 특별히 잘하는 것 → ☐☐

2) 보통 사람은 누리지 못하는 특별한 권리 → ☐☐

3) 특별히 겉으로 나타나는 것 → ☐☐

4) 보통과 달리 특별히 잘 차려진 식사 → ☐☐

5) 특별히 정해짐 → ☐☐

3 알맞은 낱말을 찾아 문장을 완성하세요.

1) 우리는 최강의 육군으로 특별히 만들어진 ☐☐☐, 최전선은 우리에게 맡겨라.

2) 지금까지 런던 ☐☐☐이 전해 드린 뉴스를 들었습니다.

3) 기상 ☐☐에 따르면 태풍이 몰려오고 있다고 합니다.

4) 이번 전시회는 새해를 맞아 특별히 여는 ☐☐☐입니다.

5) 명수는 달리기를 잘하는 ☐☐를 살려 축구부에 들어갔다.

4 문장에 어울리는 낱말을 골라 ○표 하세요.

1) 특별히 보내진 사절은 (특사 / 특파원)(이)야.

2) 개는 사람과 달리 냄새를 잘 맡는 (특징 / 특성)이 있어.

3) 추석 (특선 / 특수) 영화가 오늘 밤 10시에 시작한대.

4) 제일 좋은 좌석인 (특등 / 특석)에서 뮤지컬을 보고 싶어.

5 빈칸에 들어갈 알맞은 낱말을 고르세요. (   )

> • 물음표나 별표 같은 □□문자는 어떻게 입력해?
>
> • 이 정도 훈련은 끄떡없어. 나는 □□ 체질이거든.

① 특용   ② 특화   ③ 특수   ④ 특허

6 그림을 보고, 빈칸에 들어갈 알맞은 낱말을 쓰세요.

1)

2)

3)

4)

특별전

특석

특등

특선

특급 호텔

특식

특급 기차

특급(特級)

특급(特急)

영특

기특

특집

특정

특화

특화 작물

특화 산업

특별법

여러 사람을 위한 공공장소

公
여러 사람 공

공원에서는
□□도덕을
지켜야지!

그러게
말이에요!

위 그림의 빈칸에 들어갈 말은 무엇일까요? (   )

① 공공   ② 공중   ③ 공정   ④ 공익

정답은 ②번, 공중이에요. 공중(公衆)은 사회의 여러 대중을 뜻해요. 공중도덕은 사회의 여러 대중이 지켜야 하는 도덕이지요.
이처럼 공(公)은 여러 사람, 즉 공중을 뜻해요.
공공(公共)은 공중이 함께하는 것을 가리키는 말이에요.
공중이 함께 이용하는 장소는 공공장소, 함께 공중이 이용하는 시설은 공공시설이에요.
공익 광고는 사회 공중의 이익을 위해 만들어진 광고예요. 모든 사람에게 이로운 내용을 홍보하는 광고이므로 공익(公益)이라는 말이 붙었지요.

대기 오염처럼 '여러 사람들이 입는 피해'를 뜻하는 말은? (   )

① 공해   ② 지구 온난화   ③ 환경 호르몬   ④ 공장

정답은 ①번, 공해(公害)예요.

公 여러 사람 공

■ **공중(公 衆**대중 중**)**
사회의 여러 대중

■ **공공(公 共**함께 공**)**
공중이 함께하는

■ **공공(公共)장소**
공중이 함께 이용하는 장소

■ **공공(公共)시설**
공중이 함께 이용하는 시설

■ **공익(公 益**이로울 익**)**
공중에게 이로움

■ **공익(公益) 광고**
사회 공중의 이익을 위해 만든 광고

■ **공해(公 害**해로울 해**)**
공중이 입는 피해

🔔 **공공 기관**
관청, 보건소, 우체국 등 공중의 이익을 위해 만들어진 조직을 말해요.

좋은 이름이나 디자인을 공모하는 것을 본 적 있지요?

공모는 공개적으로 모집한다는 말이에요. 내부에서 만들어서 정하지 않고, 여러 사람에게 알려서 모집하는 것이지요.

이때 공(公)은 '여러 사람에게 알리다', '공개하다'는 뜻이에요.

공개라는 말의 뜻을 생각하며 다음 빈칸을 채워 봐요.

인터넷 전자 게시판을 이용하다 보면 공지 사항이라는 말을 종종 보게 되지요. 어떤 내용을 공개적으로 알리는 것이 공지예요.

제가 당선만 되면 전 재산을 국가에 바칠 것임을 **공언**합니다!!

헉! 진짜?

왼쪽 그림에서처럼 공개적으로 발언하는 것은 ☐언이고요. 특히 국민들 앞에서 어떤 일에 대하여 공개적으로 약속하는 것을 공약이라고 해요. 선거철에 반장 후보의 선거 공약과 국회 의원의 선거 공약처럼요.

공연은 음악이나 연극 등을 여러 사람 앞에서 공개적으로 행하는 것을 말하지요.

> 다음 밑줄 친 말이 뜻하는 것은 무엇일까요? (   )
> • 인터넷에 불법 복제물이 <u>공공연하게</u> 떠돌고 있습니다.
>
> ① 공연장에서   ② 공원에서   ③ 매우 공개적으로

정답은 ③번이에요.

공공연(公公然)은 공(公)을 두 번 써서 공개적으로 그러하다는 것을 강조한 말이거든요.

공평하게 나누다에서 공평은 무슨 말일까요?

치우침 없이 고르다는 뜻이에요. 공(公)은 여러 사람에게 공개할 수 있을 만큼 '고르다', '공평하다'는 뜻도 가지고 있거든요.

공평과 비슷한 말로 공정(公正)이 있어요. 공정은 공평하고 바르다는 말이에요.

公 공개할 공

■ **공개(公 開**열 개**)**
다 열어 놓고 알림

■ **공모(公 募**모집할 모**)**
공개적으로 모집함

■ **공지(公 知**알릴 지**)**
공개적으로 알림

■ **공언(公 言**말씀 언**)**
공개적으로 말을 함

■ **공약(公 約**약속할 약**)**
어떤 일에 대해 국민에게 실행할 것을 약속함, 또는 그런 약속

■ **공연(公 演**행할 연**)**
음악이나 연극 등을 공개적으로 행함

■ **공공연(公 公 然**그럴 연**)**
매우 공개적으로 그러함

公 공평할 공

■ **공평(公 平**고를 평**)**
치우침 없이 아주 고름

■ **공정(公 正**바를 정**)**
공평하고 바름

🔔 **공정거래위원회**
경제 활동에서 각종 거래가 공정한지를 감시, 감독하는 기관이에요.

공무는 무슨. 벌 받는 중이면서!

나, 지금 **공무** 수행 중이거든.

청소 떠든사람: 동현이 윤기

公 공적인 일 공

- **공적(公 的~할 적)**
  국가나 사회와 관련된
- **공무(公 務업무 무)**
  공적인 업무
- **공무원(公務 員사람 원)**
  공무를 보는 사람
- **공직(公 職자리 직)**
  공무를 맡아서 하는 자리
- **공인(公 人사람 인)**
  공직에 있는 사람
- **공용(公 用쓸 용)**
  공무에 쓰임
- **공용차(車차 차)**
  공무에 쓰는 차
- **공용 물품(物물건 물 品물건 품)**
  공무에 쓰는 물건
- **공용 출장(出나갈 출 張넓힐 장)**
  공무를 하기 위한 출장
- **선공후사**
  (先먼저 선 公 後뒤후 私개인 사)
  공적인 일을 앞에 두고 개인적
  인 일을 뒤에 둠
- **멸사봉공**
  (滅없어질 멸 私 奉받들 봉 公)
  개인을 버리고 공익을 받듦

여러 사람에게 이로움을 주는 일을 공무라고 해요. 여기서 공(公)은 국가나 사회와 관련된 공적인 일을 가리키지요.

사회에서 공무를 담당하는 사람을 공무원이라고 하잖아요.

대통령, 국무총리, 장관 등과 같이 공무를 맡아 하는 자리는 공직이라고 하고요. 공직에 있는 사람은 모두 공인이에요.

공무에 쓰이는 것에는 공용(公用)이라는 말이 붙어요. 공용차는 공무에 쓰이는 자동차예요. 공용 물품은 공무에 쓰는 물건, 공용 출장은 공무를 하기 위해 잠시 다른 곳으로 나가는 것을 말하죠.

우리나라에는 예로부터 사회 전체의 이익인 공을 중시하는 사상이 있었어요. 공(公)의 반대말은 개인적인 일을 뜻하는 '사(私)'예요.

공과 사의 뜻을 생각하면서 빈칸을 채워 볼까요?

공적인 일을 개인적인 일보다 우선하는 것은 선☐후☐, 개인적인 욕심은 버리고 공익을 받드는 것은 멸☐봉☐이라고 하지요.

좀 어려웠죠? 정답은 선공후사, 멸사봉공이에요.

공과 사를 구분한다는 말은 공적인 일에 개인적 문제를 끌어들이지 않는다는 말이지요.

🔔 **이런 뜻도 있어요**

공(公)은 공적인 일을 하는 사람이라는 뜻이 넓어져 높은 지위에 있는 사람이라는 뜻도 지니게 되었어요. 임금의 딸은 공주, 귀족 중에서도 가장 높은 것은 공작이라고 하죠.

또 있어요! 충무공의 '공'은 사람을 높여 부르는 말이에요.

주인공은 연극이나 소설의 중심 인물을 높여 부르는 말이고요.

경찰서, 우체국, 동사무소, 구청 등 공무를 보는 곳을 무엇이라고 할까요? ( )

선생님 **관공서**에서 이러시면 안되죠~!

아저씨~ 왕십리 따블!

① 복지 기관　② 편의시설
③ 관공서　　④ 정보 기관

정답은 ③번, 관공서예요.

관공서는 관청이나 공공 기관의

건물을 뜻해요. 공적인 일 중에서도 으뜸은 국가의 일이에요.

그래서 공(公)은 국가나 관청에 관계된 말에 사용되지요.

국가에서 공익을 목적으로 운영하는 기업은 공기업, 대표적인 공기업이 '공사'예요. 공사는 국가에 필요한 사업을 하는 공적인 회사를 말해요. 예를 들어 한국도로공사는 도로의 건설과 관리에 관한 사업을 하는 공적인 회사이지요.

국가에서는 교육 정책을 정하고 학교를 세워 관리·감독을 해요. 그래서 학교를 공교육(公教育) 기관이라고 해요.

학교에는 공립 학교와 사립 학교가 있지요? 주차장도 공영 주차장이 있어요.

지방 자치 단체에서 세운 것은 공립(公立), 공적인 이익을 목적으로 지방 자치 단체에서 운영하는 것은 공영(公營)이라고 해요. 중앙 정부뿐 아니라 지방 자치 단체의 일도 국가의 일이에요. 그래서 그와 관계 있는 일에도 관청·국가를 뜻하는 공(公)이 붙지요.

公 관청·국가 공

■ **관공서**(官관청관 公 署관청서)
관청과 공공 기관을 통틀어 부르는 말

■ **공기업**(公 企꾀할기 業사업업)
공익을 목적으로 운영하는 기업

■ **공사**(公 社회사 사)
공적인 회사, 국가에서 필요로 하는 사업을 하는 회사

■ **공교육**
(公 教가르칠 교 育기를 육)
국가에서 하는 교육

■ **공립**(公 立세울 립)
지방 자치 단체에서 세움

■ **공영**(公 營운영할 영)
정부나 지방 자치 단체에서 운영함

🔔 공과금

공과금(公 課매길 과 金돈 금)은 공공 기관에서 부과하는 세금과 전기·수도·가스 등의 사용 요금을 합쳐 부르는 말이에요.

공중　공공장소　공익　공해　공개　공약
공연　공평　공무　공용　관공서　공교육

여러 사람 공

공중

공공

공공장소

공공시설

공익

공익 광고

공해

공공 기관

공개

공모

공지

공언

공약

공연

공공연

공평

공정

공정거래
위원회

공적

공무

① 공통으로 들어갈 한자를 따라 쓰세요.

	중								무
	공		연	公	선	후	사		용
	개			여러 사람 공					영

② 어떤 낱말에 대한 설명인지 쓰세요.

1) 공중이 함께하는 ➡ ☐☐

2) 사회 공중의 이익을 위해 만든 광고 ➡ ☐☐☐☐

3) 공개적으로 모집함 ➡ ☐☐

4) 공무를 보는 사람 ➡ ☐☐☐

5) 국가에서 하는 교육 ➡ ☐☐☐

③ 알맞은 낱말을 찾아 문장을 완성하세요.

1) 요즘은 사람들이 휴대 전화를 많이 써서 ☐☐ 전화 쓸 일이 없다.

2) 학교, 도서관, 국공립 병원 등은 모두 ☐☐ 시설이야.

3) 경찰관, 소방관 아저씨는 모두 ☐☐ 을 위해서 일하시는 분들이지.

4) 선거가 되면 국회 의원 후보들은 여러 가지 ☐☐ 을 내세워.

5) 집 근처 공원에서 클래식 야외 ☐☐ 을 한 대.

❹ 문장에 어울리는 낱말을 골라 ○표 하세요.

1) (충무공 / 주인공) 이순신 장군은 노량 해전에서 돌아가시고 말았지.

2) 개인적인 욕심은 버리고 공익을 받드는 것은 (선공후사 / 멸사봉공)(이)야.

3) 엄마가 빵을 동생과 (공정 / 공평)하게 나누어 먹으라고 하셨어.

❺ 예문의 빈칸에 들어갈 알맞은 낱말을 고르세요. (   )

> 여학생 : 우리 교장 선생님, 헤어스타일 정말 멋지지 않아?
> 남학생 : 교장 선생님이 대머리라는 건 모르는 사람이 없는데?
> 여학생 : 뭐? 진짜야?
> 남학생 : 교장 선생님이 가발을 쓰신다는 건 (   ) 비밀이야.

① 공익적인   ② 공공연한
③ 공평한   ④ 공과 사를 구분하는

❻ 그림을 보고, 알맞은 낱말을 쓰세요.

1) 우리 아빠는 국가에서 운영하는 회사인 □□□에 다닌다!
   공 만드는 곳이 아니었구나.

2) 여기는 주차 요금이 싸네요?
   구청에서 운영하는 □□ 주차장이거든요.

| 공무원 |
| 공직 |
| 공인 |
| 공용 |
| 공용차 |
| 공용 물품 |
| 공용 출장 |
| 선공후사 |
| 멸사봉공 |
| 공주 |
| 공작 |
| 충무공 |
| 주인공 |
| 관공서 |
| 공기업 |
| 공사 |
| 공교육 |
| 공립 |
| 공영 |
| 공과금 |

約	약속할 약

씨글자 / 기본 어휘

꼬리 걸고 꼭꼭 약속해

約 약속할 약

악어들이 말하는 위 그림의 빈칸에 들어갈 말은 무엇일까요? (   )

① 야단   ② 칭찬   ③ 약속

맞아요. 정답은 ③번, 약속이지요.

말로 하는 약속은 언약, 자기들끼리 몰래 한 약속은 밀약이지요.

이렇게 약(約)은 사람 사이를 맺어 주는 약속을 뜻해요.

다음 빈칸을 채워 낱말을 완성해 보세요.

미리 정한 약속은 예☐, 먼저 한 약속은 선☐이에요.

기차표나 숙소는 예약하는 것이고, 약속이 겹칠 때는

선약을 지키는 게 보통이죠.

약혼은 결혼하겠다고 약속하는 거예요. 혼약

이라고도 하지요. 약혼한 뒤에는 결혼식을

올리고 백년가약을 맺어요.

백년가약(百年佳約)은 부부가 되어 오랜 세

월을 함께 살기로 약속하는 것이지요.

여기서 '백 년'은 오랜 세월을 뜻하거든요.

언약(言말씀 언 約)
말로 하는 약속

밀약(密몰래 밀 約)
몰래 하는 약속

예약(豫미리 예 約)
미리 정한 약속

선약(先먼저 선 約)
먼저한 약속

약혼(約 婚결혼 혼)
결혼을 약속함

백년가약(百일백 백 年년 년 佳아름다울 가 約)
오랜 세월을 함께하겠다는 아름다운 약속

백년가약을 맺겠습니다…

안 돼요! 난 천 년 산단 말이에요.

저를 뽑아 주시면 토끼와 미팅을 주선하겠습니다.

명절이 끝날 때 친척들과 다음을 기약하며 헤어지죠?
기약은 때를 정하여 약속하는 거예요. 기약이 없다는 말은 때를 약속할 수 없다는 뜻이에요. 호랑이가 공약을 하고 있네요. 공약은 여러 사람과 공개적으로 하는 약속이에요.
각종 선거에서 후보들이 내거는 정책 약속과도 같은 것이죠.
개인이 아니라 국가나 단체 간에 서로 협의해서 정한 약속은 협약,
국가 간에 여러 가지 조항을 두고서 맺은 약속은 조약이라고 해요.
약속은 잘 지키는 것이 중요하지요.
굳게 지키겠다고 맹세한 약속은 맹☐,
확실한 약속은 확☐,
잘 지키겠다고 선서하고 맺는 약속은 서☐이에요.
금석지☐(金石之約)은 쇠와 돌처럼 굳건한 약속을 뜻해요.
앞의 빈칸들에 들어갈 말은? 모두 약속을 뜻하는 약(約)이에요.

> 조선 시대 마을 공동체에 있었던 공통의 규칙과 약속으로써 미풍양속을 장려하는 내용을 담고 있는 것은 무엇일까요? (   )
>
> ① 헌법   ② 향약   ③ 경국대전   ④ 계약

조금 어려웠죠? 정답은 ②번, 향약이에요. 마을 공동체의 약속이니까 '마을 향(鄕)' 자를 써서 향약이지요.
약속과 비슷한 말로 계약도 있어요. 주로 어른들이 쓰는 말이죠?
계약은 서로 지켜야 할 의무를 글이나 말로 정한 것이라서, 보통의 약속보다 훨씬 엄격해요.
계약서는 계약의 내용을 기록한 문서고요.
계약을 위반하는 것은 위약, 맺었던 계약을 풀어서 없었던 걸로 하는 것은 해약이라고 해요.

約 **약속 약**

■ **기약**(期때기 約)
때를 정하여 약속함

■ **공약**(公여럿공 約)
여러 사람과 하는 약속

■ **협약**(協협의할협 約)
협의하여 하는 약속

■ **조약**(條조항조 約)
여러 조항을 두고 맺은 약속

■ **맹약**(盟맹세할맹 約)
굳게 맹세한 약속

■ **확약**(確확실할확 約)
확실한 약속

■ **서약**(誓맹세서 約)
선서하고 맺은 약속

■ **금석지약**
(金쇠금 石돌석 之~할지 約)
쇠와 돌처럼 굳건한 약속

■ **향약**(鄕마을향 約)
조선 시대 마을의 자치 규약

約 **계약 약**

■ **계약**(契맺을계 約)
서로 지켜야 할 의무를 글이나 말로 정한 약속

■ **계약서**(契約 書문서서)
계약 내용을 기록한 문서

■ **위약**(違어길위 約)
계약을 어김

■ **해약**(解풀해 約)
계약을 풀어 없던 것으로 함

다음 빈칸에 공통으로 들어갈 말은 무엇일까요?

• 길게 말하지 말고 □□해서 간단히 말하세요.

• 아무리 □□해도 한 쪽이 넘어요.

① 요점　　② 요약　　③ 중요　　④ 요령

約　줄일 약

■ 요약(要중요할요 約)
중요한 것만 묶어 간단하게 함

■ 축약(縮줄일축 約)
줄여서 간단히 함

■ 축약어(縮 約 語말씀어)
줄여서 간단히 한 말 = 준말

정답은 ②번, 요약이에요.
요약은 중요한 것만 묶어
간추려서 간단하게 만들어
준다는 뜻이에요.
이렇게 약(約)은 내용을 묶어서
줄여 준다는 뜻으로도 쓰여요.
요약과 비슷한 말로 축약이라는 말도 있어요.
줄여서 간단히 하는 거지요.
간단히 줄여서 쓰는 말은 준말이라고 해요.
한자어로 축약어라고 해요.
우리말에서 '가리어'의 축약어는 '가려'이고,
'되어'의 축약어는 '돼'예요.

인터넷상에서도 축약어를 많이 쓰지요.
축약어를 쓰면 빠르고 간단하게 표현할 수
있어서 좋지만, 지나칠 경우 우리말을 해칠 수도 있어요.

이런 말도 있어요

여기서 약(約)은 대충 혹은 어림잡아서 어떤 수에
가깝다라는 말이에요.
그러니까 정확하지 않은 수를 말할 때, 수를 나타
내는 말 앞에 '약'을 쓴다는 것 기억하세요.

절약은 아껴서 필요한 데에만 쓴다는 말이에요.

절약해야 할 것에도 여러 가지가 있어요.

전기를 아껴 쓰는 것은 절전, 물을 아껴 쓰는 것은 절수라고 해요.

> 그럼 '절약'에 쓰인 약(約)의 뜻은 무엇일까요? (   )
>
> ① 약속하다   ② 계약   ③ 줄이다   ④ 아끼다

정답은 ④번. '약'에는 '아끼다'라는 뜻도 있어요. 검소하게 아껴 쓰는 것은 검약이에요. 검소는 꾸밈없이 수수하다는 말이거든요.

아껴 쓰는 것이 지나치면 인색해지죠. 인색은 아끼고 아끼다라는 뜻이에요. 지나치게 아낀다는 말이죠. 인색한 사람을 구두쇠라고 하지요? 비슷한 말로 자린고비, 수전노가 있어요.

約	아낄 약

■ **절약**(節절약할절 約)
아껴 씀

■ **절전**(節 電전기전)
전기를 아낌

■ **절수**(節 水물수)
물을 아낌

■ **검약**(儉검소할검 約)
검소하게 아낌

■ **인색**(吝아낄인 嗇아낄색)
지나치게 아낌

■ **수전노**(守지킬수 錢돈전 奴노예노)

= **구두쇠** = **자린고비**
돈을 지키는 노예, 돈만 아는 사람

🔔 근검
다산 정약용 선생은 아들들에게 '근'과 '검' 두 글자를 물려주셨어요. 근(勤)은 부지런함, 검(儉)은 절약을 뜻해요. 근과 검은 어떤 재산보다 좋은 것이며, 평생을 써도 닳지 않는다고 말씀하셨죠.

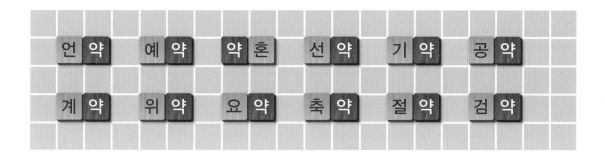

約
약속할 약

언약

밀약

예약

선약

약혼

백년가약

기약

공약

협약

조약

맹약

확약

서약

금석지약

향약

계약

① 공통으로 들어갈 한자를 따라 쓰세요.

언

예 — 계 서 — 約 — 백 년 가 — 요

협 — 약속할 약 — 절 — 검

② 어떤 낱말에 대한 설명인지 쓰세요.

1) 몰래 하는 약속 ➡ ☐☐

2) 결혼을 약속함 ➡ ☐☐

3) 쇠와 돌처럼 굳건한 약속 ➡ ☐☐☐☐

4) 줄여서 간단히 한 말, 준말 ➡ ☐☐☐

5) 검소하게 아낌 ➡ ☐☐

③ 알맞은 낱말을 찾아 문장을 완성하세요.

1) 아주 좋은 레스토랑으로 ☐☐ 했어요.

2) 먼저 일어나야겠어요. ☐☐이(가) 있어서요. 죄송합니다.

3) ☐☐도 없이 가시다니, 언제나 돌아오실까요?

4) 아마도 그 둘 사이에는 절대 말하지 않을 ☐☐이(가) 있었나 봅니다.

5) 저는 굳은 맹세로 죽을 때까지 당신을 사랑하겠노라고 ☐☐합니다.

4 문장에 어울리는 낱말을 골라 ○표 하세요.

1) 집을 팔겠다는 (계약 / 확약)이 이루어졌다.

2) 계약서대로 하지 않은 (조약 / 위약) 사항이 발생했어요.

3) 사정이 생겨서 계약을 없었던 일로 해야 하니 (확약 / 해약)해도 될까요?

4) 1905년, 일본이 우리나라에 을사(조약 / 위약) 체결을 강요했습니다.

5) 결혼할 때는 (백년가약 / 금석지약)을 맺습니다.

| 계약서 |
| 위약 |
| 해약 |
| 요약 |
| 축약 |
| 축약어 |
| 절약 |
| 절전 |
| 절수 |
| 검약 |
| 인색 |
| 수전노 |
| 구두쇠 |
| 자린고비 |
| 근검 |

5 다음 중 조선 시대 '마을 공동체에 있었던 자치 규약'을 일컫는 말은 무엇인지 고르세요. (　　　)

① 삼강오륜　　　　　　　② 향약
③ 관혼상제　　　　　　　④ 세속오계

6 문장과 어울리는 낱말을 연결하세요.

1) 많은 사람들 앞에서 하는 공적인 약속　•　　　• 조약

2) 국가나 단체 간에 협의를 하여 정한 약속　•　　　• 협약

3) 국가 간에 여러 가지 조항을 두고 맺은 약속 •　　　• 공약

수증기가 구름이 된다고?

수 증 기

구름은 폭신할 거야.

이 바보야! 구름은 **수증기**가 작은 물방울이 되어 떠 있는 거라고!

하늘을 한 번 올려다보세요. 여러 가지 모양의 구름이 떠 있네요. 구름은 우리말이고 한자로는 운(雲)이라고 해요. 그래서 구름의 이름은 '-운'으로 끝나는 말이 대부분이에요. 구름은 보기에 폭신폭신한 솜사탕 같지만, 사실 공기 중의 수증기가 작은 물방울이 되어 하늘에 떠 있는 거예요. 수증기는 물이 증발해서 생긴 기체를 말하지요. 자, 그럼 구름과 관련된 낱말들을 알아볼까요?

구름과 관련된 낱말들

그런데 땅 위의 수증기가 어떻게 하늘까지 올라갔을까요?
물이 증발하여 수증기가 되었죠? 증발은 액체가 기체로 변하는 현상이거든요. 증발한 물이 땅과 가까이 떠 있으면 안개, 높이 떠 있으면 구름인 거예요.
안개와 구름이 많이 낀 날은 습도가 높다라고 말하죠?
습도는 공기 중에 수증기가 들어 있는 정도를 말해요. 또, 공기가 포함할 수 있는 최대한의 수증기 양을 포화 수증기량이라고 하고요.
길고 어려운 말이지만 '배부르게 된다'는 포화(飽和)라는 낱말의 뜻만 알면 의외로 간단하죠?

水 물 수 蒸 찔 증 氣 기운 기
물이 증발하여 생긴 기체, 기체 상태의 물

■ **증발**(蒸찔증 發일어날발)
액체가 기체로 변하는 현상

■ **안개**
증발한 물이 땅과 가까이 떠 있는 현상

■ **구름**
공기 중의 수증기가 작은 물방울이 되어 하늘에 떠 있는 것

■ **습도**(濕축축할습 度정도도)
축축한 정도
과학 공기 중에 수증기가 들어 있는 정도

■ **포화 수증기량**(飽배부를포 和화할화 水蒸氣 量헤아릴량)
과학 1㎥의 공기가 함유할 수 있는 최대한의 수증기의 양

운(雲)이 들어간 구름 이름

구름의 이름이 100가지가 넘는다는 사실 알았나요? 구름은 떠 있는 위치에 따라 이름을 구분해서 불러요.

윗부분에 떠 있는 구름은 상층운, 아랫부분에 떠 있는 구름은 하층운, 위아래로 떠 있는 구름은 수직운이라고 해요.

구름의 모양에 따라서도 이름이 다양한데요. 날씨와도 깊은 관계가 있지요. 지평선과 나란히 층을 이룬 구름은 층운이에요. '층 층(層)' 자는 옆으로 퍼졌다는 뜻이거든요. 땅과 가까이 떠 있어서 '안개구름'이라고도 불러요.

높이 뜬 구름은 권운이에요. '책 권(卷)' 자가 들어간 구름은 매우 높은 구름을 말하지요. 날씨가 맑았다가 점차 흐려지기 시작할 때 나타나고, '새털구름'이라고도 해요.

쌓여 있는 구름은 적운이에요. '쌓을 적(積)' 자가 힌트예요. 적운은 꼭대기가 둥글고 밑은 편평하게 생겨서 '뭉게구름'이라고 불러요. 주로 맑은 여름날 오후에 볼 수 있죠.

권적운은 권(券)과 적(積)이 함께 들어갔으니 높은 곳에 쌓여 있는 구름이겠네요. '비늘구름'이라고도 하는데, 비가 오기 전에 나타난대요. '어지러울 난(亂)' 자가 붙으면 비가 오는 구름이에요. 그래서 난층운은 '비구름' 또는 '비층구름'이라고도 불러요.

상층운(上윗상 層층층 雲)
윗부분에 떠 있는 구름

하층운(下아래 하 層雲)
아랫부분에 떠 있는 구름

수직운
(垂드리울 수 直곧을 직 雲)
위아래로 떠 있는 구름

층운(層층층 雲)
= 안개구름
지평선과 나란히 층을 이룬 구름

권운(卷책 권 雲)
= 새털구름
높이 뜬 구름

적운(積쌓을 적 雲)
= 뭉게구름
쌓여 있는 구름

권적운(卷積雲)
= 비늘구름
높이 쌓여 있는 구름

난층운(亂어지러울 난 層雲)
= 비구름 = 비층구름
오랜 시간 비나 눈을 내리는 검은 회색의 구름

🔔 **암운**
어두운 구름을 암운(暗어두울 암 雲)이라고 해요. 주로 좋지 못한 일이 일어날 낌새를 비유적으로 표현할 때 많이 쓰이지요.

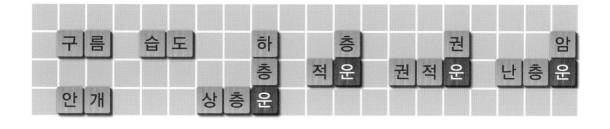

밀어내고 내보내면 소화 끝!

> 지금 내 뱃속에서 무슨 일이 일어나는 거지?

> 소화가 다 된 모양이로군!

소화는 '사라질 소(消)'와 '될 화(化)'로 이루어져 먹은 음식물이 사라지게 된다는 말이에요. 과학에서는 음식물 속의 영양소를 몸에 흡수하기 쉽게 잘게 분해하는 과정이라는 뜻이지요. 밥을 씹는 순간에도 잠을 자는 동안에도 소화가 되고 있어요. 소화(消化)와 같은 소리를 가졌지만, 불을 끈다는 의미의 소화(消火)와 헷갈리지 마세요.

소화(消化)와 관련된 낱말

입으로 들어간 음식물은 우리 몸속에 있는 여러 소화 기관을 통과하면서 소화 작용을 해요. 소화 작용에는 크게 기계적 소화와 화학적 소화로 나눌 수 있어요. 기계적 소화는 음식물을 부수고 이동시켜 소화액과 잘 섞이게 하는 소화예요. 입속의 이로 음식물을 잘게 부수고, 혀로는 소화액과 잘 섞이게 해 주죠. 소화액은 소화가 잘 되도록 소화 기관에서 나오는 액체 물질이에요. 화학적 소화는 소화액을 사용해서 부서진 음식물을 더 작게 영양소로 분해하는 소화예요.
소화를 잘 시키려면 소화되는 힘인 소화력이 필요해요. 배가 더부룩하고 답답한 소화 불량 증상이 오면, 소화를 잘 시켜 주는 소화제를 먹기도 하지요.

消	化
사라질 소	될 화

먹은 음식물이 사라짐
과학 음식물에 들어 있는 영양소를 몸에 흡수하기 쉽도록 잘게 분해하는 과정

■ **소화**(消 火불화)
불을 끔

■ **소화 기관**(器그릇 기 官벼슬 관)
음식물을 소화하고 흡수하는 기관

■ **소화 작용**(作지을 작 用쓸 용)
소화에 쉬운 물질로 변화시키는 작용

■ **기계적**(機기계 기 械기계 계 的 ~할 적) **소화**
음식물을 부수고 이동시켜 소화액과 잘 섞이게 하는 소화

■ **화학적**(化될 화 學배울 학 的) **소화**
소화액을 사용해 음식물을 더 작게 분해하는 소화

장(腸)이 들어간 소화 기관 이름

소화 기관에는 입, 식도, 위, 십이지장, 소장, 대장 등이 있어요.
소화 기관 이름에는 장(腸) 자가 많이 들어가네요.
장(腸)은 창자라는 뜻이에요.
음식물을 담는다 하여 밥통인 위, 그 길이가 손가락 12개만 한 창
자라고 해서 십이지장, 작은창자는 소
장, 큰창자는 대장이지요.
또, 대장의 끝에 있어 통하는 데가 없이 끝
이 막힌 모양이어서 눈 먼 창자라고 불리
는 맹장도 있어요. 막창자라고도 하지요.
그러고 보니 장(腸)의 이름은 그 모양을 따
서 붙여진 것들이 대부분이네요.
소화의 마지막 기관은 한자어 그대로 똥
구멍 문인 항문이에요. 이곳에서 음식물을 소화시키고 남은 찌꺼기
인 똥을 밀어내 몸 밖으로 배출한답니다.

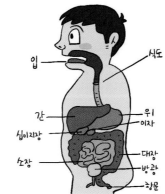

🔔 이런 말도 있어요

똥의 길과 오줌의 길은 달라요. 똥이 소화 기관을 거쳐 배출된
다면, 몸에 생긴 필요 없는 물질들은 배설 기관을 통해 오줌의
형태로 나오게 되지요. 신장에서 생긴 찌꺼기들은 오줌을 나
르는 관인 수뇨관을 거쳐 오줌이 모이는 통인 방광에 머물다가
일정한 양이 차면 마렵다는 신호를 보내죠. 이제 오줌의 길인
요도를 거쳐서 시원하게 배설하면 되겠죠!

■ **소화액**(消化 液진액)
소화를 돕는 액체 물질

■ **소화력**(消化 力힘력)
음식물을 소화할 수 있는 능력

■ **소화 불량**(不아닐불 良좋을양)
소화가 잘 되지 않는 증상

■ **소화제**(消化 劑약제제)
소화를 촉진시키기 위해 쓰는 약

■ **위**(胃밥통위)
음식물을 담는 소화 기관

■ **소장**(小작을소 腸창자장)
작은창자

■ **대장**(大큰대 腸)
큰창자

■ **십이지장**(十열십 二두이 指
손가락지 腸) = **샘창자**
손가락 12개만 한 창자

■ **맹장**(盲눈멀맹 腸)
= **막창자**

■ **항문**(肛똥구멍항 門문문)
똥구멍 문

■ **배출**(排밀칠배 出날출)
밀어서 밖으로 내보냄

🔔 배설
땀은 땀샘에서 만들어져 피부
밖으로 배설하고, 신장(콩팥)에
서 만들어진 찌꺼기는 오줌을
통해 몸 밖으로 배설되지요.

소화기관　화학적소화　　소　　　대
　　　　　　　　　맹장　십이지장
소화작용　소화액

① [보기]의 낱말들과 관련이 있으며, 물이 증발해서 생긴 기체를 뜻하는 낱말을 쓰세요.

 →

② 주어진 낱말을 넣어 문장을 완성하세요.

1)

층	
적	운

쌓여 있는 구름인 ☐☐은 뭉게구름이라고 하고, 지평선과 나란히 층을 이룬 구름은 ☐☐이다.

2)

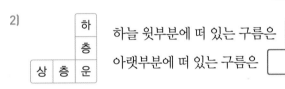

하늘 윗부분에 떠 있는 구름은 ☐☐☐, 아랫부분에 떠 있는 구름은 ☐☐☐이다.

③ 문장에 어울리는 낱말을 골라 ○표 하세요.

1) 장마철에는 (습도 / 습기)가 너무 높아서 빨래가 잘 마르지 않아.
2) 성적표를 받은 날, 집 안에서 (암운 / 층운)이 감돌기 시작했어.

④ 예문에 어울리는 낱말을 쓰세요. [과학]

공기 중에 들어갈 수 있는 ☐☐☐의 양은 공기의 온도에 따라 달라집니다. 물이 증발하여 생긴 수증기는 데워진 공기와 함께 위로 올라가는데, 공기가 높이 올라가면 기온이 낮아져서 공기의 ☐☐ 수증기량이 줄어들게 됩니다. 그러면 포화 수증기량을 넘은 수증기는 다시 작은 물방울로 변해서 하늘에 떠 있게 되는데, 이것이 바로 ☐☐입니다.

수증기
증발
안개
구름
습도
포화 수증기량
상층운
하층운
수직운
층운
안개구름
권운
새털구름
적운
뭉게구름
권적운
비늘구름
난층운
비구름
비층구름
암운

1 공통으로 들어갈 낱말을 쓰세요.

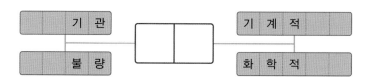

| 기 관 | | | 기 계 적 |
| 불 량 | | | 화 학 적 |

2 주어진 낱말을 넣어 문장을 완성하세요.

1)

| | 맹 |
| 십 | 이 | 지 | 장 |

손가락 12개만 한 길이의 창자는 ☐☐☐☐ ,
끝이 막힌 모양의 창자는 ☐☐ 이다.

2)

| | 소 |
| 대 | 장 |

큰창자는 ☐☐ , 작은 창자는 ☐☐ 이다.

3 문장에 어울리는 낱말을 골라 ○표 하세요.

1) (소화(消火) / 소화(消化))는 소화 기관에게, 소화는 소방관에게 맡기자.
2) 소화가 잘 안 될 때는 (소화액 / 소화제)을(를) 먹어 보는 건 어떨까?
3) 막창자로도 불리는 창자는 (맹장 / 반장)이야.

4 예문에 어울리는 낱말을 쓰세요. [과학]

우리 몸으로 들어간 음식이 다 ☐☐ 되려면, 약 하루 정도가 걸립니다. 음식이 지나가는 통로 외에도 ☐☐ 에 도움을 주는 기관은 침샘, 간, 쓸개, 이자가 있습니다. 이들은 ☐☐☐ 을 분비해서 음식물을 분해합니다. 입안의 침샘은 '침'을 분비하고, 간에서는 '쓸개즙'을, 이자에서는 '이자액'을 분비해서 소화를 돕는 역할을 합니다.

소화(消化)
소화(消火)
소화 기관
소화 작용
기계적 소화
화학적 소화
소화액
소화력
소화 불량
소화제
위
소장
작은창자
대장
큰창자
십이지장
샘창자
맹장
막창자
항문
배출
배설
배설 기관
신장
수뇨관
방광
요도

종교란 무엇일까요? 우리는 종종 상대방의 종교를 묻곤 하죠. 우리나라에는 종교의 자유가 있고, 종교는 사람마다 달라요. 흔히들 종교를 어떤 신을 믿는 것으로 구분을 해요. 조금 더 넓은 의미로 종교는 큰 가르침이라는 뜻이에요. 종교는 신(神)이나 절대적인 힘을 통하여 인간의 고민을 해결하고 삶의 근본 목적을 찾는 문화 체계예요.

종(宗)이 들어간 낱말들

종교를 가진 사람은 종교인, 종교를 가진 사람들로 이루어진 사회는 종교계, 같은 종교에서 갈린 갈래는 종파예요.

종(宗)은 '큰 가문', 즉 '으뜸인 가문'을 뜻해요.

종갓집은 한 가문에서 맏이로만 이어온 큰집으로, 종가라고도 해요. 종가에서는 가문의 대를 이을 맏손자인 종손의 책임이 막중해요.

나는 이 집안의 **종손**

宗	教
으뜸 종	가르칠 교

큰 가르침

사회 신(神)이나 절대적인 힘을 통하여 인간의 고민을 해결하고 삶의 근본 목적을 찾는 문화 체계

■ 종교인(宗教 人사람 인)
종교를 가진 사람

■ 종교계(宗教 界지경 계)
종교인들이 이루고 있는 사회

■ 종파(宗 派갈래 파)
같은 종교에서 갈린 갈래

■ 종가(宗 家집 가) = 종갓집
한 가문에서 맏이로만 이어온 큰집

■ 종손(宗 孫손자 손)
종가의 대를 이을 맏손자

■ 종묘(宗 廟사당 묘)
조선 시대 역대 왕과 왕비의 사당

종묘는 으뜸인 사당이란 뜻으로 조선 시대의 역대 왕과 왕비에게 제사를 지내는 곳이지요. 종묘사직은 왕실과 나라를 통틀어 이르는 말이고요.

교(敎)가 들어간 다양한 종교 이름

우리나라 전통 사회에는 무당들의 풍속을 믿는 무속 신앙이 발전했어요. 무당이 초자연적인 존재와의 교류를 통해 질병을 치료하고 미래를 점쳤는데, 이를 샤머니즘이라고도 해요.

삼국 시대에는 석가모니의 가르침을 믿는 불교가 전해졌어요. 불교는 참선을 중시하는 선종, 교리를 중시하는 교종으로 나눠졌지요.

조선 시대에 들어와서는 인과 예를 근본으로 공자의 가르침을 믿는 유교가 우리 생활 깊숙한 곳에 자리 잡았죠.

조선 후기에는 하느님을 믿는 천주교가 들어왔어요. 천주교는 한자식이고, 원래는 로마 가톨릭교라고 해요. 로마 가톨릭교를 가톨릭교라고 줄여서 말하기도 해요. 가톨릭교를 새로 고친 종교는 개신교라 하지요. 천주교와 개신교는 모두 기독교예요.

이슬람교는 마호메트가 창시한 종교로 알라를 믿지요.

힌두교는 인도인의 한 종족인 힌두족의 종교예요. 소를 신성하게 여겨서 소고기를 먹지 않아요.

우리나라 사람들이 만든 종교도 있어요. 천도교는 1860년 최제우가 만든 종교로 하늘의 도리를 기본 사상으로 삼았어요. 그밖에도 단군을 받들어 만든 종교인 대종교도 있지요.

이러한 민족 종교는 민족의식을 고취시키는 데 큰 역할을 했어요.

종묘사직(社토지신 사 稷곡식 신 직)
왕실과 나라를 통틀어 이르는 말

무속 신앙(巫무당 무 俗풍속 속 信믿을 신 仰우러를 앙)
= **샤머니즘**(shamanism)
무당들의 풍속을 믿는 신앙

불교(佛부처 불 敎)
석가모니의 가르침을 믿는 종교

선종(禪선 선 宗)

교종(敎가르칠 교 宗)

유교(儒선비 유 敎)
공자의 가르침을 믿는 종교

천주교(天하늘 천 主주인 주 敎)
= **로마 가톨릭교** = **가톨릭교**
하느님을 믿는 종교

개신교(改고칠 개 新새 신 敎)
새로 고친 종교

이슬람교(Islam 敎)
알라신을 믿는 종교

힌두교(Hindu 敎)
소를 신성시하는 힌두족의 종교

천도교(天하늘 천 道길 도 敎)
하늘의 도리를 따르는 종교

대종교(大큰 대 倧상고신인 종 敎)
단군을 받드는 종교

우리를 풍요롭게 하는 물자와 자원

우리가 간식으로 자주 먹는 빵은 밀로 만든 것이고, 또 공부할 때 쓰는 공책은 나무로 만들었어요. 이처럼 우리 생활에 이용되는 물건들의 원료를 자원이라고 해요. 자원의 자(資)는 돈이나 물건 등을 뜻하고, 원(源)은 근원이 된다는 뜻이에요. 또 우리의 삶에 필요한 물건이나 자원을 통틀어 물자라고 하지요.

생활에 필요한 것을 얻는 자원

인간 생활에 필요한 것을 자연에서 얻는 자원을 천연자원이라고 해요. 여기서 천연은 사람의 힘이 더해지지 않은 것을 뜻해요.
빈칸을 채우며 다양한 자원들을 살펴볼까요?
천연자원 중 땅속에 묻혀 있는 것은 지하▢▢이고요.
지하자원에는 시멘트의 원료인 석회석, 금속 제품의 원료인 철광석, 열을 내는 연료인 무연탄, 에너지를 내는 원료인 천연가스가 있어요.
산이나 숲에서 얻는 자원은 산림▢▢이라고 해요.
산림 자원 중 하나인 나무는 땔감이나 종이의 원료가 되고, 산에서 자라는 나물은 소중한 식량▢▢이 되지요.

資	源
재물 자	근원 원

인간 생활에 필요한 원료, 노동력, 기술을 일컫는 말

- **물자**(物물건물 資) 우리의 삶에 필요한 물건이나 자원을 일컫는 말
- **천연**(天하늘천 然그럴연)**자원** 자연에서 얻는 자원
- **지하**(地땅지 下아래하)**자원** 땅속에 묻혀 있는 자원
- **석회석**(石돌석 灰재회 石돌석) 시멘트의 원료가 되는 지하자원
- **철광석**(鐵쇠철 鑛쇳돌광 石) 철의 원료가 되는 지하자원
- **무연탄**(無없을무 煙연기연 炭숯탄) 열을 내는 지하자원

118

식량 자원이 산에만 있는 것은 아니에요. 맛있는 생선이나 해산물은 바다에서 얻는 소중한 식량 자원이지요. 이처럼 바다나 강에서 얻을 수 있는 자원을 수산 ☐☐ 이라고 해요.

눈에 보이지 않지만 중요한 자원

인간은 눈에 보이는 것을 만들기도 하고, 음악처럼 눈에 보이지 않는 것도 만들죠.

이때 필요한 것이 노동력과 기술이에요. 사람이 일하는 것을 노동력이라고 하고, 무언가를 다루는 방법이나 능력을 기술이라고 하지요. 사람의 노동력도 자원처럼 무엇인가 만드는 데에 필요해요. 이런 것들을 통틀어 인적 자원이라고 해요.

사람들은 서로 모여 살면서 생각과 행동, 가치를 만들어 내는데, 이것을 문화라고 해요. 문화도 자원이 될 수 있어요. 예를 들어 K-POP은 대표적인 문화 자원이에요. 우리의 전통 의복인 한복도 문화 자원에 속하지요.

문화 자원은 관광객들을 불러오기도 해요.

우리 문화에 관심 있는 외국인이 우리나라에 여행을 와서 불국사나 경복궁을 관광하잖아요. 여기서 불국사나 경복궁처럼 관광객을 모으는 자원을 관광 자원이라고 해요.

위대한 **관광 자원**이야!

- ▶ **천연가스**
  자연적으로 땅속에서 발생하는 가스
- ▶ **산림**(山뫼산 林수풀림) **자원**
  산이나 숲에서 얻는 자원
- ▶ **식량**(食먹을식 糧양식량) **자원**
  먹을 수 있는 자원
- ▶ **수산**(水물수 産낳을산) **자원**
  물속에서 얻는 자원
- ▶ **노동력**(勞일할노 動움직일동 力힘력)
  사람이 일할 때 필요한 능력
- ▶ **기술**(技재주기 術재주술)
  만들 때 필요한 솜씨
- ▶ **인적**(人사람인 的~할적) **자원**
  사람의 노동력을 자원으로 보는 것
- ▶ **문화**(文글월문 化될화) **자원**
  인간이 모여 만든 가치, 행동, 생각 등의 자원
- ▶ **관광**(觀볼관 光빛광) **자원**
  관광객을 모을 수 있는 어떤 지역의 자연 경치, 유적 등의 자원

씨낱말
블록 맞추기

종 교

1 공통으로 들어갈 낱말을 쓰세요.

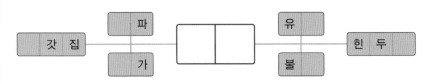

| 종교 |
| 종교인 |
| 종교계 |
| 종파 |
| 종가 |
| 종갓집 |
| 종손 |
| 종묘 |
| 종묘사직 |
| 무속 신앙 |
| 샤머니즘 |
| 불교 |
| 선종 |
| 교종 |
| 유교 |
| 천주교 |
| 로마 가톨릭교 |
| 가톨릭교 |
| 개신교 |
| 이슬람교 |
| 힌두교 |
| 천도교 |
| 대종교 |

2 주어진 낱말을 넣어 문장을 완성하세요.

1) 종 가 / 손
한 가문에서 맏이로만 이어온 큰 집인 ☐☐에는 대를 잇는 맏손자인 ☐☐의 역할이 크다.

2) 교 종 / 파
교리를 중시하는 ☐☐은 불교의 한 ☐☐이다.

3) 유 / 불 교
공자의 가르침을 믿는 종교는 ☐☐, 석가모니의 가르침을 믿는 종교는 ☐☐이다.

3 문장에 어울리는 낱말을 골라 ○표 하세요.

1) 조선 시대 역대 왕과 왕비의 사당인 (종묘 / 종각)에서는 매년 종묘제가 열려.

2) 종교인들은 (파종 / 종파)와 상관없이 서로의 종교를 존중해야 돼.

3) 단군을 받드는 우리나라의 민족 종교는 (단군교 / 대종교)야.

4 예문에 공통으로 들어가는 낱말을 쓰세요. [사회]

> 우리나라 조선 시대에 자리 잡은 종교는 ☐☐입니다. 부모에게 효도하고 나라에 충성하라고 가르치는 ☐☐는 우리나라 사람들의 삶에 가장 큰 영향을 미쳤습니다. 지금도 ☐☐와 관련된 생활 습관과 문화가 많이 남아 있습니다.

씨낱말
블록 맞추기

자 원

1 공통으로 들어갈 낱말을 쓰세요.

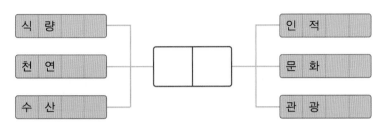

식 량
천 연
수 산

인 적
문 화
관 광

2 주어진 낱말을 넣어 문장을 완성하세요.

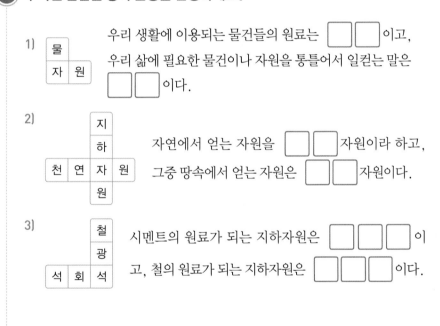

1)
물
자 원

우리 생활에 이용되는 물건들의 원료는 ☐☐이고,
우리 삶에 필요한 물건이나 자원을 통틀어서 일컫는 말은
☐☐이다.

2)
지
하
천 연 자 원
원

자연에서 얻는 자원을 ☐☐자원이라 하고,
그중 땅속에서 얻는 자원은 ☐☐자원이다.

3)
철
광
석 회 석

시멘트의 원료가 되는 지하자원은 ☐☐☐이
고, 철의 원료가 되는 지하자원은 ☐☐☐이다.

3 문장에 어울리는 낱말을 골라 ○표 하세요.

1) 물속에는 여러 가지 (수산 / 관광) 자원이 풍부하다.

2) 남한과 달리 북한은 땅속에 300여 종의 (지하 / 수산)자원이 묻혀 있다.

3) 관광객을 끌어 모으기 위해서는 고적이나 문화 시설 등의 (관광 / 인적)
자원을 개발해야 한다.

4) 최근 한류 열풍을 일으키고 있는 K-POP 등은 (문화 / 천연) 자원이다.

자원
물자
천연자원
지하자원
석회석
철광석
무연탄
천연가스
산림 자원
식량 자원
수산 자원
노동력
기술
인적 자원
문화 자원
관광 자원

당파 싸움은 이제 그만

같은 생각을 가진 사람들끼리 다양한 파를 만들었네요. 파(派)는 갈래라는 뜻이에요. 여기에 무리를 뜻하는 당(黨)이 붙으면 당파가 되지요. 당파는 주장과 이해를 같이하는 사람들이 뭉쳐서 만든 단체나 모임이에요.

양반들이 끼리끼리 모여 갈라진 파(派)

조선 시대 양반들은 학문적, 정치적 입장을 같이하는 사람끼리 파를 나누었어요.

조선 초기에는 조선의 건국을 함께 이끌었던 신진 사대부들의 파가 갈렸어요. 권력의 중심에서 높은 벼슬을 하는 훈구파와 산림에 묻혀 학문을 연구하는 선비의 파인 사림파로 나뉘었지요.

사림파는 다시 동인과 서인으로 갈라졌어요. 심의겸과 김효원이 서로 벼슬을 차지하기 위해 대립하면서 김효원의 집이 동쪽에 있어서 동인, 심의겸의 집이 서쪽에 있어서 서인으로 부르게 된 거라네요. 동인은 이황과 조식의 제자들로 유성룡을 중심으로 서인과 대립했지요. 서인은 심의겸을 중심으로 동인과 대립했고요.

오늘날 꽃미남 F4가 있다면, 조선에도 네 가지 색의 사색당파가 있

黨	派
무리 당	갈래 파

주장과 이해를 같이하는
사람들이 뭉쳐 이룬 단체나 모임

■ **훈구파**(勳공훈 舊옛구 派)
조선 건국에 공을 세워 높은 벼슬을 해오던 관료층

■ **사림파**(士선비사 林수풀림 派)
산림에 묻혀 학문을 연구하는 선비들의 파

■ **사색당파**(四넉사 色빛색 黨派)
노론, 소론, 남인, 북인

■ **동인**(東동녘동 人사람인)
유성룡을 중심으로 하여 서인과 대립한 당파

■ **서인**(西서녘서 人)
심의겸을 중심으로 하여 동인과 대립한 당파

■ **남인**(南남녘남 人)
서인에 대한 온건파

었어요. 동인은 서인에 대한 온건한 입장의 남인과 강경한 입장의 북인으로 나누어졌고, 서인은 남인 숙청에 대한 의견 대립으로 갈라졌어요. 강경한 입장을 취한 사람들이 대부분 늙은 사람들이라 노론, 온건한 입장을 취한 사람들이 대부분 젊었다 하여 소론이라고 불렀어요. 숙청이란 반대파를 없애려 하는 것을 말해요.

새로운 파(派)의 등장

조선 후기에는 새로운 파가 등장해요. 서양의 문물이 들어오면서 실생활에 도움이 되는 학문을 추구하는 실학파가 사회 전반의 개혁을 주장했어요.

실학은 농업을 중시한 중농학파와 상업과 공업이 중요하다고 주장한 중상학파로 발전했지요. 북학파는 북쪽 청나라의 선진 문물을 받아들일 것을 주장하기도 했어요.

개화를 찬성하는 파와 반대하는 파로 나뉘었어요.

개화는 꽃이 만발하게 핀 상태를 뜻하는데, 이처럼 나라의 문을 활짝 열어 다른 나라의 근대 문물을 받아들이자는 것이 개화파예요.

이와 반대로 위정척사는 바른 것은 지키고 간사한 것을 물리치자는 뜻이에요. 위정척사를 주장한 척사파가 개화에 반대했지요.

그럼 친일파의 의미도 짐작할 수 있겠죠? 일본과 친하게 지내는 것을 친일, 친일하는 무리는 친일파라고 해요.

■ **북인**(北북녘북 人)
서인에 대한 강경파

■ **노론**(老늙을로 論논할론)

■ **소론**(少젊을소 論)

■ **실학**파(實실제실 學배울학 派)
실생활에 도움이 되는 학문을 연구하던 파

■ **중농학**파(重무거울중 農농사농 學派)
농업의 중요함을 주장한 학파

■ **중상학**파(重商장사상 學派)
상공업의 중요함을 주장한 학파

■ **북학**파(北북녘북 學派)
북쪽의 청나라의 선진 문물을 받아들일 것을 주장한 학파

■ **개화**파(開열개 化될화 派)
개화를 주장한 사람들

■ **위정척사**(衛지킬위 正바를정 斥물리칠척 邪간사할사)
바른 것(주자학)을 지키고 간사한 것을 물리침

■ **척사**파(斥물리칠척 邪간사할사 派)
간사한 것을 물리치자고 주장하는 사람들

■ **친일**파(親친할친 日날일 派)
일제 침략에 참여해 우리 민족의 역사와 문화를 없애고 약탈하는 것을 도왔던 무리

다른 나라에 간 신하, 사신

사 신

난 고려의 **사신** 서희. 송나라와 관계를 끊겠으니 우리 땅을 돌려주겠나?

아~ 카리스마 짱! 그럼 싸우지 않을게. 압록강 부근의 땅도 줄게.

고려 시대의 사신인 서희의 외교 담판은 유명하지요. 말 한마디로 싸움도 피하고 오히려 영토를 확장했으니까요. 이렇게 나라 간의 문제가 생겼을 때 사신의 역할은 아주 중요해요. 사신은 임금이나 국가의 명령으로 다른 나라에 가는 신하를 말해요. 비슷한 말로 사절이라고도 해요. 사신은 나라를 대표해서 다른 나라와 정치적, 경제적, 문화적 관계를 맺는 오늘날의 외교관과 같은 역할이군요.

다른 나라에 간 신하들

조선 시대에 신의를 통해 교류할 목적으로 일본에 보낸 사신을 통신사라고 해요. 고종 때는 수신사로 이름을 바꾸었지요.

중국 텐진에도 영선사를 보냈어요.

새로운 문화를 받아들이기 위해 청년들을 보내 신식 무기의 제조와 사용법을 배우게 했지요.

특별한 임무를 띤 사신도 있어요. 특별한 사신이어서 특사라고 하지요.

한국을 위하여 호소한다!!

만국 평화 회의

을사조약은 무효입니다!!

분하다.

내가 먼저 손을 썼으므이다.

使	臣
부릴 사	신하 신

임금이나 국가의 명령을 받고 다른 나라로 가는 신하

■ **신하**(臣 下아래 하)
임금을 섬기며 그 아래에서 일하는 사람

■ **사절**(使 節마디 절)
나라를 대표해 다른 나라에 가는 사람

■ **통신사**(通통할 통 信믿을 신 使)
신의를 통하여 교류할 목적으로 조선이 일본에 보낸 사신

■ **수신사**(修닦을 수 信使)
조선 후기 일본에 보냈던 사신

■ **영선사**
(領거느릴 령 選가릴 선 使)
조선 후기에 중국에 보냈던 사신

■ **특사**(特특별할 특 使)
특별한 임무를 띠고 보낸 사신

만국 평화 회의가 열리는 네덜란드의 헤이그에 고종이 파견한 헤이그 특사는 일본이 강제적으로 맺은 을사조약의 부당함을 세계 여러 나라에 알리기 위해 부단히 노력했지만, 결국 실패로 돌아갔어요.

사신들이 향했던 다양한 민족과 나라

우리나라 사신들이 향했던 나라와 민족들을 살펴볼까요?

수나라는 고구려를 침략했던 나라인데 결국 전쟁에 힘을 많이 써서 멸망했어요. 당나라는 중국을 통일한 나라로 신라와 꾸준히 사신 교류를 했고요.

송나라는 고려와 무역을 가장 활발히 한 나라로 외국인의 자유로운 출입을 허용한 나라이기도 해요. 고려에 찾아온 아라비아 상인들에 의해 '코리아(Korea)'라는 이름이 세계에 알려진 것도 이때예요.

요나라는 고려가 건국될 무렵, 당나라가 망하고 거란족이 세운 나라로 사신 서희가 담판을 지었던 나라예요. 이후 여진족이 요나라를 공격하고 금나라를 세웠어요.

원나라는 북방 유목민인 몽골이 세운 나라로 중국 역사상 가장 넓은 영토를 차지했던 나라예요. 명나라는 주원장이 북방 유목민을 몰아내고 세운 중국의 통일 왕조고, 청나라는 북방 만주족이 세운 중국의 마지막 왕조예요. 사실 만주, 말갈, 여진이라 불리는 민족은 모두 만주족이에요. 같은 민족을 주변 강대국들이 그때 그때 다르게 불렀지요.

일본은 왜 또는 왜구라고 불렸는데, 일본을 낮잡아 이르는 말로 일본 사람을 왜인이라고 했어요.

헤이그 특사(Hague 特使)
헤이그에 보낸 특사

수(隋수나라 수)**나라**
위진남북조 시대를 통일한 나라

당(唐당나라 당)**나라**
수나라에 이어 당 태종이 건국하고 제도를 완성시킨 나라

송(宋송나라 송)**나라**
당 말기의 혼란을 극복하고 조광윤이 세운 나라

요(遼멀 요)**나라**
거란족이 세운 나라

금(金쇠 금)**나라**
여진족이 세운 나라

원(元으뜸 원)**나라**
북방 유목민인 몽골족이 세운 나라

명(明밝을 명)**나라**
주원장이 북방 유목민을 몰아내고 세운 중국의 통일 왕조

청(淸맑을 청)**나라**
북방 만주족이 세운 나라

왜(倭왜나라 왜)
= **왜구**
일본을 낮잡아 이르는 말

왜인(倭人)
일본 사람

씨낱말 블록 맞추기	당	파

1 공통으로 들어갈 낱말을 쓰세요.

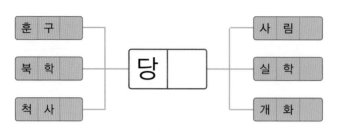

훈 구		사 림
북 학	당	실 학
척 사		개 화

2 주어진 낱말을 넣어 문장을 완성하세요.

1)

	척
	사
개 화 파	

개화에 찬성하는 파는 ☐☐☐ , 개화에 반대하는 파는 ☐☐☐ 라고 불렀다.

2)

	서
동	인

유성룡을 중심으로 서인과 대립한 ☐☐ , 심의겸을 중심으로 동인과 대립한 ☐☐ 은 사림파에서 갈라진 파다.

3)

	소
노	론

서인은 남인 숙청에 대한 의견 대립으로 갈라졌는데, 강경한 입장은 ☐☐ , 온건한 입장은 ☐☐ 이다.

3 문장에 어울리는 낱말을 골라 ○표 하세요.

1) 노론, 소론, 남인, 북인을 말하는 네 가지 빛깔의 당파는 (사색당파 / 조선 F4)야.

2) 조선 후기 (척사파 / 실학파)가 없었으면 실생활이 많이 발전할 수 없었을 거야.

3) 바른 것을 지키고 간사한 것을 물리치자는 주장은 (개화 / 위정척사)야.

당파
훈구파
사림파
사색당파
동인
서인
남인
북인
노론
소론
실학파
중농학파
중상학파
북학파
개화파
척사파
위정척사
친일파

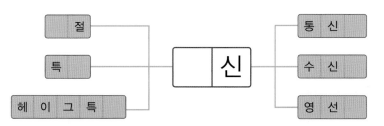

1 공통으로 들어갈 낱말을 쓰세요.

```
절 ─┐              ┌─ 통 신
특 ─┼─ [  ] 신 ─┼─ 수 신
헤 이 그 특 ─┘              └─ 영 선
```

| 사신 |
| 신하 |
| 사절 |
| 통신사 |
| 수신사 |
| 영선사 |
| 특사 |
| 헤이그 특사 |
| 수나라 |
| 당나라 |
| 송나라 |
| 요나라 |
| 금나라 |
| 원나라 |
| 명나라 |
| 청나라 |
| 왜 |
| 왜구 |
| 왜인 |

2 주어진 낱말을 넣어 문장을 완성하세요.

1)

```
      영
      선
통 신 사
```

조선 시대에 신의를 통해 교류할 목적으로 일본에 보낸 사신은 [ ][ ][ ], 조선 후기에 중국에 보냈던 사신은 [ ][ ][ ]이다.

2)

```
특
사 절
```

나라를 대표해서 다른 나라에 가는 사람을 [ ][ ], 특별한 임무를 띠고 보낸 사신은 [ ][ ]이다.

3 문장에 어울리는 낱말을 골라 ○표 하세요.

1) 네덜란드에서 을사조약의 부당함을 알렸던 특사는 (조선 을사 특사 / 헤이그 특사)야.

2) 서희가 담판을 지었던 (요나라 / 송나라)는 고려를 세 번이나 침입했어.

3) 주원장이 세운 중국의 통일 왕조는 (주나라 / 명나라)야.

4 예문에 알맞은 낱말을 쓰세요. [사회]

> 고종은 이준, 이상설, 이위종을 네덜란드 헤이그에서 열리는 만국 평화 회의에 을사조약의 부당함을 알리기 위해 [ ][ ]로 파견했습니다.

곱해서 커지는 배수, 나눠서 작아지는 약수

배는 어떤 수나 양을 두 번 합한 만큼을 의미해요. 몇 배를 하면 몇 배 만큼 커지는 수이지요. '배'라는 말은 국어에서는 2배를 의미하지만, 수학에서는 어떤 수를 곱한 것이라는 것을 꼭 기억하세요. 수를 1배, 2배, 3배… 한 수를 배수라고 해요. 곱해서 커지는 수이지요. 나눠서 작아지는 약수도 있어요. 어떤 수를 나누어떨어지게 하는 수라서 약수예요. 약수는 수를 나누었을 때 나머지가 0이 되는 수를 찾으면 돼요. 그래서 약수에는 1과 자기 자신이 꼭 포함된답니다.

배수와 약수

12는 1, 2, 3, 4, 6, 12의 배수이고, 1, 2, 3, 4, 6, 12는 12의 약수예요. 곱하는 수는 약수로, 곱한 결과는 배수네요. 이처럼 배수와 약수는 서로 밀접한 관계가 있어요.

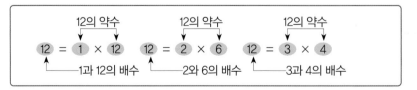

어떤 두 수의 공통된 배수는 공배수예요. 공배수 중에 가장 작은 수는 최소 공배수고요.

倍 곱 배	數 셈 수

어떤 수를 1배, 2배, 3배…한 수

- **약수(約**묶을 약 **數)**
어떤 수를 묶어 나누어떨어지게 하는 수

- **배(倍**곱 배**)**
어떤 수를 곱한 것

- **공배수(公**공평할 공 **倍 數)**
어떤 두 수의 공통된 배수

- **최소(最** 가장 최 **小** 작을 소 **) 공배수**
공배수 중에 가장 작은 수

- **공약수(公 約 數)**
어떤 두 수의 공통된 약수

- **최대(最 大**클 대**) 공약수**
공약수 중에 가장 큰 수

어떤 두 수의 공통된 약수는 공약수예요. 공약수 중에 가장 큰 수는 최대 공약수이지요. 이때 공약수가 1뿐인 둘 이상의 자연수를 서로 소라고 해요. 그럼 최대 공배수는? 없어요. 배수는 끝이 없기 때문에 최대공배수는 구할 수 없죠.

이러한 최대 공약수나 최소 공배수를 구하기 위해 곱셈이나 나눗셈을 이용할 때 활용되는 방법이 있어요. 바로 소인수 분해죠.

1을 제외한 1과 자기 자신만을 약수로 갖는 수를 소수라고 하는데, 주어진 수를 소수인 약수들의 곱으로만 나타내는 방법이 소인수 분해예요.

여러 가지의 수

경우의 수는 어떤 일이 일어날 수 있는 경우의 가짓수를 말해요. 한 개의 주사위를 던졌을 때 홀수가 나올 경우는 1, 3, 5 세 가지니까, 이때의 경우의 수는 3이에요. 짝수가 나올 경우의 수는? 당연히 3이겠죠.

순서쌍은 순서가 있는 두 수를 짝지어 나타낸 것이에요. 차례를 나타내는 순서와 두 쌍을 나타내는 한자어를 알면 이해가 쉬워요.

미지수는 말 그대로 알지 못하는 수예요. 수학에서는 값을 모르는 어떤 수를 미지수라고 하는데, 어떤 수는 주로 □나 x로 표현해 식을 만들지요.

■ **서로소**(素 처음 소)
공약수가 1뿐인 둘 이상의 자연수

■ **소수**(素 數)
1을 제외한 1과 자기 자신만을 약수로 갖는 수

■ **소인수 분해**(素 因 인할 인 數 分 나눌 분 解 풀 해)
주어진 수를 소수인 약수들의 곱으로만 나타내는 방법

■ **경우**(境 상태 경 遇 만날 우)**의 수**(數)
어떤 일이 일어날 수 있는 경우의 가짓수

■ **순서쌍**(順 순할 순 序 차례 서 雙 두 쌍)
순서가 있는 두 수를 짝지어 나타낸 것

■ **미지수**(未 아닐 미 知 알 지 數)
값을 모르는 어떤 수

□ + 5 = 7
└→ 어떤 수

소리의 가장 작은 단위는 음운

'물'과 '불'의 차이는 무엇이냐?

차갑고, 뜨겁고, 말고? 어쩌라고.

힌트는 글자에 있다옹

물과 불의 차이를 눈치 챘나요? 자음 하나 차이네요. 한 끗 차이라고 무시하면 안돼요. 'ㅁ'과 'ㅂ'은 각각 소리가 다르고, 이로 인해서 완전히 다른 뜻의 말이 되니까요. 이처럼 말의 뜻을 구별해 주는 소리의 가장 작은 단위를 소리의 운이라는 뜻으로 음운이라고 해요.

자식인 자음과 어미인 모음

국어의 음운은 아들 소리인 자음 19개와 어미 소리인 모음 21개로 이루어져 있어요. 자음은 모음이 없으면 소리를 낼 수 없어요. 모음은 자음이 없어도 소리를 낼 수는 있지만 뜻을 가질 수는 없어요.
모음은 크게 소리 낼 때 입술이나 혀가 움직이지 않는 단모음과 혀가 움직이는 이중 모음으로 나뉘어요. 단모음에는 입술 모양을 둥글게 하여 소리 내는 원순 모음, 입술 모양을 평평하게 하여 소리 내는 평순 모음으로 나뉘어요.

바뀌고 달라지는 음운 규칙

음운과 음운이 만나면 소리 내기 좋게 달라지는데, 이것을 음운 변동이라고 해요.

音 소리 음	韻 운 운

말의 뜻을 구별해 주는 소리의 가장 작은 단위

■ **자음**(子아들자 音) = **닿소리**
아들 소리
[국어] 혀가 입 안 어딘가에 닿아야 나는 소리

■ **모음**(母어머니모 音) = **홀소리**
어머니 소리
[국어] 목청만 울려 내는 소리

■ **단모음**(單홑단 母音)
소리 낼 때 입술이나 혀가 움직이지 않는 모음

■ **이중**(二두이 重무거울중) **모음**
소리 낼 때 입술이나 혀가 움직이는 모음

■ **원순**(圓둥글원 脣입술순) **모음**
입술 모양을 둥글게 하여 소리 내는 모음

두 자음이 서로 닮는 자음 동화는 두 자음이 서로 영향을 주고받아 비슷하거나 같은 소리로 바뀌는 현상이에요. '국물'에서 국자의 'ㄱ' 받침이 뒤에 있는 자음 'ㅁ'의 영향을 받아 앞의 받침이 'ㅇ'으로 바뀌어서 [궁물]이라고 발음되지요.

자음이 모음을 닮아 바뀌기도 해요. 자음 'ㄷ, ㅌ'과 모음 'ㅣ'가 만나 구개음인 'ㅈ, ㅊ'으로 바뀌는 현상을 구개음화라고 해요. 구개는 입의 덮개에서 나는 소리라는 뜻이에요. 해돋이가 [해도지]로 소리 나는 것이 구개음화죠.

모음 조화는 말 그대로 모음이 잘 어울린다는 뜻이에요. '모락모락'처럼 'ㅗ, ㅏ' 등의 양성 모음끼리, '무럭무럭'처럼 'ㅜ, ㅓ' 등의 음성 모음끼리 어울리는 현상이지요.

두 음운이 한 음운으로 줄어들어 소리 나는 음운 축약, 한 음운이 아예 사라져 소리 나지 않으면 음운 탈락이라고 해요. 축약은 줄어들고, 탈락은 떨어져 나간다는 뜻이니까요.

소리를 낼 때 부드러운 예사소리가 강하고 단단한 된소리가 되는 경우는 된소리되기라고 해요. 예를 들어 등불이 [등뿔]로 소리가 나요.

사잇소리는 두 개의 단어가 만나 합성 명사가 될 때, 그 사이에서 덧생기는 소리로 '초+불'은 [촛불], '비+물'은 [빗물]이 되는 거예요.

만약 어떤 낱말에 사이시옷이 있다면 사잇소리 현상이 일어났다고 기억해 두면 좋아요! 사이시옷은 사잇소리 현상이 나타났을 때만 쓰는 'ㅅ'의 다른 이름이거든요.

■ **평순**(平평평할평 脣) **모음**
입술 모양을 평평하게 하여 소리 내는 모음

■ **음운 변동**(變변할변 動움직일동)
음운이 바뀌어 달라짐

■ **자음동화**(子音 同한가지동 化될화)
두 자음이 비슷하거나 같은 소리로 바뀌는 현상

■ **구개음화**(口입구 蓋덮을개 音化)
입의 덮개에서 나는 소리

■ **모음 조화**(調고를조 和화할화)
같은 모음끼리 어울리는 현상

■ **양성**(陽볕양 性질성) **모음**
말의 느낌이 밝고 작은 모음

■ **음성**(陰어두울음 性) **모음**
말의 느낌이 어둡고 큰 모음

■ **음운 축약**(縮줄일축 約맺을약)
음운이 줄어들어 간략하게 됨

■ **음운 탈락**(脫벗을탈 落떨어질락)
음운이 사라져 소리 나지 않음

■ **된소리되기**
예사소리가 된소리로 바뀌는 현상

■ **사잇소리 현상**
두 개의 단어가 만나 합성 명사가 될 때 사이에 덧생기는 소리

							자				
	모		단	모	음		구	개	음	화	음 운 변 동
	자	음							동		
			이	중	모	음			화		음 운 탈 락

1 공통으로 들어갈 낱말을 쓰세요.

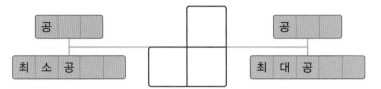

배수
약수
배
공배수
최소 공배수
공약수
최대 공약수
서로소
소수
소인수 분해
경우의 수
순서쌍
미지수

2 주어진 낱말을 넣어 문장을 완성하세요.

1)  어떤 두 수의 공통된 배수는 ☐☐☐이고,
어떤 두 수의 공통된 약수는 ☐☐☐이다.

2) 서로소수 공약수가 1뿐인 둘 이상의 자연수는 ☐☐☐이고, 1을 제외한 1과 자기 자신만을 약수로 갖는 수는 ☐☐이다.

3) 알지 못하는 수인 ☐☐☐는 주로 빈칸으로 표시하고, 어떤 일이 일어날 수 있는 경우의 가짓수는 ☐☐☐☐이다.

3 문장에 어울리는 낱말을 골라 ○표 하세요.

1) 12는 3과 4의 (배수 / 약수)이다.

2) 3과 4는 12의 (배수 / 약수)이다.

3) 12와 30은 둘 다 6으로 나눌 수 있는데, 이렇게 둘 이상의 수들의 공약수 중에서 가장 큰 수는 (최대 공배수 / 최대 공약수)이다.

4) 주사위를 던져서 짝수가 나올 (경우의 수 / 미지의 수)는 3이야.

132

씨낱말
블록 맞추기

음 운

1 공통으로 들어갈 낱말을 쓰세요.

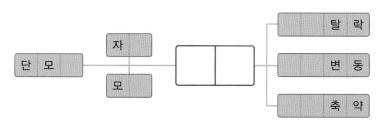

2 주어진 낱말을 넣어 문장을 완성하세요.

1)
		단
		모
이	중	모	음

소리 낼 때, 입술이나 혀가 움직이지 않는 모음은
☐☐☐, 혀가 움직이는 모음은
☐☐☐☐이다.

2)
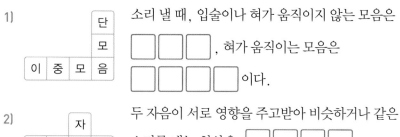

두 자음이 서로 영향을 주고받아 비슷하거나 같은
소리를 내는 현상은 ☐☐☐☐,
자음 'ㄷ, ㅌ'과 모음 'ㅣ'가 만나 구개음인 'ㅈ, ㅊ'으로
바뀌는 현상은 ☐☐☐☐이다.

3 문장에 어울리는 낱말을 골라 ○표 하세요.

1) '불'과 '삽'이 만나면 '부삽'이 되는 것은 (음운 탈락 / 음운 축약)이다.
2) '먹보'가 '먹뽀'가 되는 것은 (된소리되기 / 구개음화)이다.
3) '배'와 '길'이 합쳐져 '뱃길'이 되는 것은 (자음 동화 / 사잇소리 현상)이다.

4 짝 지은 낱말의 관계 중 음운 변동이 <u>잘못된</u> 것을 고르세요. (   )

① 국화 – [구콰]   ② 난로 – [날로]   ③ 솔+나무 – 소나무
④ 초+불 – 초불   ⑤ 해돋이 – [해도지]

음운
자음
닿소리
모음
홀소리
단모음
이중 모음
원순 모음
평순 모음
음운 변동
자음동화
구개음화
모음 조화
양성 모음
음성 모음
음운 축약
음운 탈락
된소리되기
사잇소리 현상

어휘 퍼즐

1)									5)	
				3)		4)				
2)										
							6)			
7)		9)								13)
			10)		11)			12)		
8)										
	15)									
										17)
	14)					16)				

정답 ┃ 143쪽

🔑 가로 열쇠

1) 물이 증발하여 생긴 기체, 기체 상태의 물
2) 사람이 일할 때 필요한 능력　3) 공약수 중에 가장 큰 수
6) 수나라에 이어 당 태종이 건국하고 제도를 완성시킨 나라
8) 음식물에 들어 있는 영양소를 몸에 흡수하기 쉽도록 잘게 분해하는 과정
9) 신이나 절대적인 힘을 통하여 인간의 고민을 해결하고 삶의 근본 목적을 찾는 문화 체계
10) 신의를 통하여 교류할 목적으로 조선이 일본에 보낸 사신
12) 말의 뜻을 구별해 주는 소리의 가장 작은 단위
14) 국가에서 하는 교육 ↔ 사교육
16) 두 자음이 서로 영향을 주고받아 비슷하거나 같은 소리로 바뀌는 현상

🔑 세로 열쇠

1) 돈을 지키는 노예, 돈만 아는 사람
4) 큰창자 → ○장
5) 특별하고 남다름
6) 주장과 이해를 같이하는 사람들이 뭉쳐 이룬 단체나 모임
7) 생각이나 뜻이 서로 통함
11) 산림에 묻혀 학문을 연구하는 선비들의 파
13) 어두운 구름
15) 하느님을 믿는 종교 = 로마 가톨릭교 = 가톨릭교
17) 새로운 문물을 받아들임

134

1 다음 중 두 낱말의 관계가 <u>다른</u> 하나는? (   )   국어능력인증시험형

① 관용 : 용납   ② 월등 : 탁월   ③ 증가 : 증감

④ 참가 : 참여   ⑤ 표시 : 표현

2 밑줄 친 부분을 가장 적절한 한자어로 대체한 것은? (   )   국어능력인증시험형

① 소리 내는 <u>연습을 지속</u>해라. → 發毛(발모)

② 의지할 곳 없이 외로운 <u>홀몸</u>이네. → 孑孑單身(혈혈단신)

③ <u>밝고 어두움</u>은 모두 상대적인 거란다. → 明朗(명랑)

④ 이 도로에서 <u>가장 높은 속도</u>는 110km입니다. → 最低(최저)

⑤ 누구든 <u>보고 듣는 것</u>을 넓히는 삶을 살아야 한다. → 見學(견학)

3 밑줄 친 낱말의 뜻이 바르지 <u>않은</u> 것은? (   )   국어능력인증시험형

① <u>백문불여일견</u>입니다. → 보는 것보다 듣는 것이 낫다

② 그건 <u>우발적</u> 범행이었습니다. → 우연히 일어남

③ 아쉽게도 <u>단타</u>에 그치고 말았습니다. → 1루타

④ 저 사람이야말로 <u>공명정대</u>한 분입니다. → 공정하고 깨끗하고 바르고
    너그러움

⑤ 이곳엔 인체 모형이 <u>전시</u>되어 있습니다. → 펼쳐 보임

4 밑줄 친 낱말에 대한 설명이나 맥락으로 적절하지 <u>않은</u> 것은? (   )   KBS 한국어능력시험형

① 설명이 <u>명료</u>하면 알아듣기 쉽다.

② <u>최근</u>과 비슷한 말로 요즈음이 있다.

③ 시와 그림이 어우러진 <u>시화전</u>을 성황리에 마쳤다.

④ <u>식견</u>이란 한쪽으로 치우쳐서 공정하지 않은 생각이다.

⑤ <u>식단</u>이나 메뉴(menu) 대신 차림표라는 말을 많이 쓴다.

괄호 안의 한자가 바르지 <u>않은</u> 것은? (   )　　　　

① 단(單)어　　　　② 발(發)굴　　　　③ 최(最)선

④ 명(命)심보감　　　⑤ 선견(見)지명

〈보기〉의 빈 칸에 알맞은 말을 바르게 쓴 것은? (   )　　　　

┌─〈보기〉─────────────────────────────────┐

과학 분야를 탐구하다 보면, 특히 동물 영역에서 동물을 설명하는 어려운 낱
말들이 나와 이해하지 못해 당황한 적이 한두 번쯤은 다 있을 겁니다. 대부
분 한자어로 설명된 낱말의 한자 자체를 모르기 때문인 경우가 많습니다. 예
를 들면 (가)(　　　)는 새끼를 낳아 젖을 먹여 키우는 동물의 무리라는 뜻입니
다. 어류는 물고기 동물의 무리를 뜻하고, 조류는 날개 있는 동물의 무리를
뜻합니다. 벌레처럼 땅을 기어 다니는 동물의 무리는 파충류, 물과 땅 양쪽
에서 사는 동물의 무리는 (나)(　　　)라고 불립니다.

└──────────────────────────────────────┘

① (가) 포유류　(나) 양가류　　　② (가) 척추류　(나) 양생류

③ (가) 포유류　(나) 양생류　　　④ (가) 척추류　(나) 양서류

⑤ (가) 포유류　(나) 양서류

7

문맥에 맞는 낱말을 <u>잘못</u> 선택한 것은? (   )　　　　

① (<u>신변</u> / 좌변)에 위협을 느낀다.

② 그이는 (지각 / <u>지적</u>)인 사람이야.

③ 우리 모두 기부에 (<u>동참</u> / 참견)하자.

④ 나는 (<u>본래</u> / 왕래) 성질이 급한 사람이 아니야.

⑤ 장군은 활쏘기에 (<u>추월</u> / 탁월)한 실력을 지니고 있다.

8 〈보기〉의 밑줄 친 (가) ~ (라)에 들어갈 낱말로 모두 옳은 것은? (   )   국어능력인증시험형

〈보기〉

심한 질병에 걸리면, 보통은 환자를 치료하는 데에 필요한 장비를 갖추어 놓은 (가)(   )으로 가지요. 한동안 병을 치료해야 한다면, 환자가 머무르는 (나)(   )에 입원을 해야겠지요. 환자를 간호하고 시중드는 일을 (다)(   )이라고 해요. 아플 때 제일 기쁜 일은 친구나 친척이 찾아와서 위로해 줄 때, 즉 (라)(   ) 와 줄 때인 것 같아요.

① (가) 병원 (나) 병실 (다) 문병 (라) 간병

② (가) 병실 (나) 병원 (다) 간병 (라) 문병

③ (가) 병원 (나) 병실 (다) 간병 (라) 문병

④ (가) 병실 (나) 병원 (다) 문병 (라) 간병

⑤ (가) 병원 (나) 간병 (다) 병실 (라) 문병

9 한자와 그 뜻이 바르지 <u>않게</u> 짝 지어진 것은? (   )   한자능력시험형

① 病 – 병   ② 去 – 오다   ③ 知 – 알다   ④ 周 – 둘레   ⑤ 超 – 넘다

10 다음 〈보기〉 문장 중 한자로 고친 것이 <u>틀린</u> 것은? (   )   한자능력시험형

〈보기〉

'월(越)'은 남과 북처럼 지역을 넘나드는 경우에 사용됩니다. 남에서 북으로 넘어가는 것을 (가)월북이라고 하고, 북에서 남으로 넘어가는 것을 (나)월남이라고 합니다. 또 다른 것과 비교하여 그것을 뛰어넘을 때에도 '월(越)'을 씁니다. 힘, 재주, 솜씨 등이 남보다 훨씬 뛰어난 것을 뜻하는 (다)탁월이나 실력이 무리 중 남들보다 뛰어난 것을 뜻하는 (라)월등이란 말이 있습니다. 마지막으로 뒤에서 따라잡아서 앞의 것을 뛰어넘는 것을 뜻하는 (마)추월도 있습니다.

① (가) 越北   ② (나) 越南   ③ (다) 卓越   ④ (라) 越等   ⑤ (마) 秋越

⑪ 밑줄 친 부분을 적절한 낱말로 바꾼 것은? (　　)

① 옛 도읍이 흔적만 나았구나. → 천도

② 사회 여러 대중이 피해를 입고 있다. → 공해

③ 사업을 새로 시작해서 정신없이 바쁘다. → 개막

④ 생각이나 뜻이 서로 통하지 않아 답답하다. → 유통

⑤ 그는 특별한 명령을 받고 헤이그로 보내졌다. → 특활

⑫ 밑줄 친 낱말의 뜻이 바르지 않은 것은? (　　)

① 동아리 이름을 공모하기로 했다. → 공개적으로 모집함

② 개복할 정도로 심각한 상태입니다. → 절개해서 봉한 편지나 소포를 엶

③ 도농 격차를 해소하는 게 큰 문제다. → 도시와 농촌

④ 진돗개의 특성은 남다른 충성심에 있다. → 특별한 성질

⑤ 도무지 너는 융통성이라곤 눈곱만치도 없구나. → 상황에 맞춰 일을 처리하는 재주나 감각

⑬ 〈보기〉의 빈 칸에 알맞은 낱말을 바르게 짝 지은 것은? (　　)

〈보기〉
'배'는 어떤 수나 양을 두 번 합한 만큼을 뜻합니다. 몇 배를 하면 몇 배만큼 커지는 수이지요. '배'라는 말은 국어에서는 2배를 의미하지만, 수학에서는 어떤 수를 곱한 거예요. 수를 1배, 2배, 3배 한 수를 (가)(　　)라고 해요. 곱해서 커지는 수이지요. 나눠서 작아지는 (나)(○○)도 있어요. 어떤 수를 나누어떨어지게 하는 수라서 ○○이지요. ○○는 수를 나누었을 때 나머지가 0이 되는 수를 찾으면 돼요.

① (가) 배수 (나) 소수　　　　② (가) 약수 (나) 소수

③ (가) 배수 (나) 약수　　　　④ (가) 약수 (나) 배수

⑤ (가) 배수 (나) 미수

14 밑줄 친 낱말에 대한 설명이나 맥락이 적절하지 <u>않은</u> 것은? (   )

① <u>인색</u>한 사람을 <u>구두쇠</u>라고 한다.

② 정보를 잘 아는 사람을 <u>정보통</u>이라고 한다.

③ 집 짓는 사람들을 총지휘하는 사람을 <u>도편수</u>라 부른다.

④ <u>타개</u>란, 개화되지 않아 문명 발전이 뒤처졌다는 말이다.

⑤ 경찰서, 우체국, 동사무소 등 공무를 보는 곳을 <u>관공서</u>라 한다.

15 문맥에 맞는 낱말을 <u>잘못</u> 선택한 것은? (   )

① 물은 (액화 / 증발)하여 수증기가 된다.

② 종가의 대를 이어나갈 사람을 (종묘 / 종손)이라 한다.

③ 고종은 중국 톈진에 (영선사 / 수신사)를 보내 신의를 다졌다.

④ (소화 / 소통)(을)를 한자어로 풀면 먹은 음식물이 사라진다는 뜻이다.

⑤ 주장과 이해를 함께하는 사람들의 단체나 모임을 (당파 / 종파)라 한다.

16 〈보기〉의 밑줄 친 (가) ~ (다)에 들어갈 낱말로 옳은 것은? (   )

〈보기〉
말의 뜻을 구별해 주는 소리의 가장 작은 단위를 <u>(가)</u>(   )이라고 합니다.
한국어의 (가)는 <u>(나)</u>(   ) 19개와 <u>(다)</u>(   ) 21개로 이루어져 있습니다.

① (가) 음운 (나) 원음 (다) 자음

② (가) 원음 (나) 자음 (다) 모음

③ (가) 음운 (나) 모음 (다) 자음

④ (가) 원음 (나) 모음 (다) 자음

⑤ (가) 음운 (나) 자음 (다) 모음

📖 **톡톡 문해력 소개글** **다음 소개글을 읽고, 문제를 풀어 보세요.**

> 안녕! 나는 미국의 아이비엠(IBM)에서 만든 인공 지능 의사 왓슨이라고 해. 하지만 사람 의사처럼 직접 환자를 치료하지는 않아. 그 대신 사람 의사가 환자에게 더 나은 치료를 할 수 있도록 돕는 역할을 하지.
>
> 어떻게 사람 의사를 돕냐고? 먼저 내 능력을 알려 줄게.
>
> 나는 자료를 빠르게 읽고, 필요한 정보를 빠르게 찾아내는 능력이 뛰어나. 이 능력을 이용해서 나는 엄청난 양의 의학 자료를 읽고, 새로운 의학 지식을 계속 습득했어. 이를 바탕으로 환자에 대한 증상을 보고 어떤 질병인지 알아낼 수 있지. 그런 다음 그 환자에게 알맞은 치료 방법까지 찾아내서 사람 의사에게 추천해.
>
> 사람 의사는 내가 추천한 치료 방법을 참고해서 환자를 치료하는 거야. 점점 많은 의사가 내 도움을 받아 환자를 치료하고 있어.
>
> 앞으로 많은 병원에서 나를 볼 수 있을 거야.

1 이 글은 무엇을 소개하고 있나요?

----

2 인공 지능 의사 왓슨의 역할은 무엇인가?

----

3 밑줄 친 낱말과 바꿔 쓸 수 있는 것은? (   )

① 싸울   ② 배울   ③ 가르칠   ④ 버릴

4 인공 지능 의사 왓슨이 잘하는 일이 <u>아닌</u> 것은? (   )

① 엄청난 자료를 빠르게 읽는 것

② 필요한 정보를 빠르게 찾아내는 것

③ 환자를 직접 치료하는 것

④ 습득한 정보를 바탕으로 환자의 질병을 찾아내는 것

📖 **톡톡 문해력** 대화글 ▶ **다음 대화글을 읽고, 문제를 풀어 보세요.**

아울이: 경복궁에는 언제 도착해요?

아 빠: 앞으로 1시간 정도 더 걸려.

엄 마: 서울에 들어오니 교통체증이 시작됐네.

아울이: 왜요?

아 빠: 서울에 사람들이 많이 살아서 교통량이 많아서 그렇지.

아울이: 아하! 그런데 배가 고파요. 식당에 먼저 가면 안 돼요?

아 빠: 주차장 있는 식당을 찾기가 어렵네.

엄 마: 차 안에서 김밥이나 먹자.

아울이: 안 돼요. 맛있는 거 먹고 싶어요.

---

1 **아울이네 가족은 어디를 가고 있나요?**

----

2 **서울에 교통체증이 심한 까닭은?**

----

3 **이 글의 내용으로 알 수 없는 것은? (   )**

① 아울이네 가족은 경복궁에서 놀았다.

② 아울이네 가족이 서울에 들어오니 교통체증이 시작됐다.

③ 아빠는 서울에 사람들이 많이 살아서 교통량이 많다고 했다.

④ 아울이는 맛있는 음식을 먹고 싶어 했다.

정답

1장 씨글자

最 가장 최 |10~11쪽

1. 最
2. 1) 최저 2) 최장 3) 최선책 4) 최상 5) 최우선
3. 1) 최고 2) 최악 3) 최초 4) 최강 5) 최소한
4. 1) 최고 2) 최단 3) 최상품 4) 최적 5) 최우선
5. ②
6. ④

單 하나 단 |16~17쪽

1. 單
2. 1) 단칼 2) 단판 승부 3) 단봉 4) 단위 5) 명단
3. 1) 단숨 2) 단색 3) 혈혈단신 4) 단독 5) 단조
4. 1) 식단 2) 전단 3) 사주단자 4) 명단 5) 단둘
5. ①
6. 1) 단식 2) 단짝 3) 단층 4) 복식

明 밝을 명 |22~23쪽

1. 明
2. 1) 조명 2) 투명 3) 증명 4) 분명 5) 총명
3. 1) 명월 2) 명암 3) 조명 4) 현명 5) 공명정대
4. 1) 증명 2) 조명 3) 발명 4) 명명백백 5) 명심보감
5. ③
6. ②

見 볼 견 |28~29쪽

1. 見
2. 1) 견습 2) 선견지명 3) 예견 4) 의견 5) 사견
3. 1) 견학 2) 견문 3) 발견 4) 편견 5) 견물생심
4. 1) 이견 2) 선입견 3) 의견 4) 사견 5) 견해
5. 1) 편견 2) 선견지명 3) 상견례
6. 2-1-6-4-5-3

發 낼 발 |34~35쪽

1. 發
2. 1) 발열 2) 발성 3) 발상지 4) 발각 5) 발전
3. 1) 발화 2) 발음 3) 발언 4) 발생 5) 발굴
4. 1) 발견 2) 발각 3) 발표 4) 증발 5) 발상지
5. ④
6. ④

展 펼칠 전 |40~41쪽

1. 展
2. 1) 전시품 / 전시물 2) 전개 3) 전람 4) 진전
   5) 개인전
3. 1) 전시 2) 전시실 3) 전망 4) 전개 5) 발전
4. 1) 전시품 2) 전개 3) 전망대 4) 풍물전 5) 과학 발전
5. ①
6. 1) 인체전 2) 도서전 3) 시화전 4) 풍물전

씨낱말

표시 |46쪽

1. 표
2. 1) 대표, 발표 2) 표정, 표현 3) 목표, 표지 4) 표어, 표적
3. 1) 표면 2) 표지(表紙) 3) 표시(標示) 4) 발표 5) 목표

증감 |47쪽

1. 증
2. 1) 급증, 급감 2) 증진, 증폭 3) 감량, 감원
3. 1) 증가 2) 감량 3) 삭감 4) 급감
4. ②, ④

용량 |52쪽

1. 용량
2. 1) 분량, 계량 2) 용기, 내용물 3) 수용, 관용 4) 내용, 허용
   5) 수량, 함량
3. 1) 종량제 2) 함량 3) 용서 4) 수용 5) 수량

포유류 |53쪽

1. 포유류
2. 1) 양서류, 파충류 2) 연체동물 3) 강장동물 4) 절지동물, 편형동물
3. 1) 정온 2) 극피 3) 초식 4) 척추 5) 환형

참여 |58쪽

1. 참여
2. 1) 동참, 참여 2) 부여, 여론 3) 참고, 참조 4) 참모, 참전
3. 1) 참석 2) 야당 3) 참배 4) 여부

주변 |59쪽

1. 주변
2. 1) 주변, 주위 2) 해변, 강변 3) 다변화, 신변
   4) 범위, 분위기
3. 1) 해변 2) 포위 3) 변경 4) 주지

초월 |64쪽

1. 초월
2. 1) 초월, 초능력 2) 추월, 탁월 3) 초비상, 초고속
   4) 월북, 월남
3. 1) 초과 2) 월남 3) 초고속 4) 초자연

지식 |65쪽

1. 지식
2. 1) 지식, 지식인 2) 무지, 지적 3) 양식, 박식
   4) 학식, 몰상식
3. 1) 학식 2) 지적 3) 박식 4) 미지

거래 |70쪽

1. 거래
2. 1) 제거, 퇴거 2) 과거, 거취 3) 미래, 도래
   4) 본래, 근래
3. 1) 수거 2) 근래 3) 유래 4) 왕래

병환 |71쪽

1. 병환
2. 1) 질병, 병원 2) 병실, 간병 3) 환자, 환부 4) 안질, 질환
3. 1) 전염병 2) 문병 3) 노환 4) 풍토병

어휘 퍼즐 |72쪽

2장 씨글자

開 열 개 │78~79쪽

1. 開
2. 1) 개업식 2) 개점휴업 3) 절개 4) 개교 5) 개척
3. 1) 타개 2) 공개 3) 개방 4) 개간 5) 개화, 개화
4. 1) 개업식 2) 개막 3) 공개방송 4) 개천절 5) 개척
5. ③
6. 1) 개회 2) 개강 3) 개막 4) 개교

通 통할 통 │84~85쪽

1. 通
2. 1) 통행 2) 유통 3) 임시변통 4) 교통비 5) 통장
3. 1) 정통 2) 소식통 3) 소통 4) 통풍 5) 통화
4. 1) 개통 2) 유통 3) 통과 4) 통신문 5) 통행
5. 보통례
6. ③

都 도읍 도 │90~91쪽

1. 都
2. 1) 왕도 2) 도성 3) 도심지 4) 도맡다 5) 도승지
3. 1) 수도, 수도 2) 도읍 3) 고도 4) 도시 5) 도매
4. 1) 천도 2) 왕도 3) 도심 4) 도농 5) 도대체
5. 1) 도편수 2) 도사공
6. 1) 독차지 2) 도합

特 특별할 특 │96~97쪽

1. 特
2. 1) 특기 2) 특권 3) 특징 4) 특식 5) 특정
3. 1) 특공대 2) 특파원 3) 특보 4) 특별전 5) 특기
4. 1) 특사 2) 특성 3) 특선 4) 특석
5. ③
6. 1) 기특 2) 특석 3) 특유 4) 특이

公 여러 사람 공 │102~103쪽

1. 公
2. 1) 공공 2) 공익 광고 3) 공모 4) 공무원 5) 공교육
3. 1) 공중 2) 공공 3) 공익 4) 공약 5) 공연
4. 1) 충무공 2) 멸사봉공 3) 공평
5. ②
6. 1) 공기업 2) 공영

約 약속할 약 │108~109쪽

1. 約
2. 1) 밀약 2) 약혼 3) 금석지약 4) 축약어 5) 검약
3. 1) 예약 2) 선약 3) 기약 4) 밀약 5) 서약
4. 1) 계약 2) 위약 3) 해약 4) 조약 5) 백년가약
5. ②
6. 1) 공약 2) 협약 3) 조약

씨낱말

수증기 │114쪽

1. 수증기
2. 1) 적운, 층운 2) 상층운, 하층운
3. 1) 습도 2) 암운
4. 수증기, 포화, 구름

소화 │115쪽

1. 소화
2. 1) 십이지장, 맹장 2) 대장, 소장
3. 1) 소화(消化) 2) 소화제 3) 맹장
4. 소화, 소화, 소화액

종교 │120쪽

1. 종교
2. 1) 종가, 종손 2) 교종, 종파 3) 유교, 불교
3. 1) 종묘 2) 종파 3) 대종교
4. 유교, 유교, 유교

자원 │121쪽

1. 자원
2. 1) 자원, 물자 2) 천연, 지하 3) 석회석, 철광석
3. 1) 수산 2) 지하 3) 관광 4) 문화

당파 │126쪽

1. 파
2. 1) 개화파, 척사파 2) 동인, 서인 3) 노론, 소론
3. 1) 사색당파 2) 실학파 3) 위정척사

사신 │127쪽

1. 사
2. 1) 통신사, 영선사 2) 사절, 특사
3. 1) 헤이그 특사 2) 요나라 3) 명나라
4. 특사

배수, 약수 │132쪽

1. 배수, 약수
2. 1) 공배수, 공약수 2) 서로소, 소수
   3) 미지수, 경우의 수
3. 1) 배수 2) 약수 3) 최대 공약수 4) 경우의 수

음운 │133쪽

1. 음운
2. 1) 단모음, 이중모음 2) 자음동화, 구개음화
3. 1) 음운 탈락 2) 된소리되기 3) 사잇소리 현상
4. ④

어휘 퍼즐 │134쪽

¹수	증	기					⁵특	
전		³최	⁴대	공	약	수		
²노	동	력			장			
					⁴당	나	라	
⁷의		⁹종	교		파		¹³암	
사		¹⁶통	신	⁶사		¹²음	운	
⁸소	화			림				
통		¹⁵천		파				
		주					¹⁷개	
¹⁴공	교	육			¹⁶자	음	동	화

종합 문제 │135~139쪽

1. ③ 2. ② 3. ① 4. ④ 5. ④ 6. ⑤ 7. ⑤ 8. ③ 9. ② 10. ⑤
11. ② 12. ② 13. ③ 14. ④ 15. ③ 16. ⑤

문해력 문제 │140~141쪽

1. 인공 지능 의사 왓슨
2. 사람 의사들이 환자들에게 더 나은 치료를 할 수 있도록 돕는 역할
3. ② 4. ③

1. 경복궁 2. 서울에는 사람들이 많이 살아서 교통량이 많기 때문에
3. ①

집필위원

정춘수	권민희	송선경	이정희	신상희	황신영	황인찬	안바라
손지숙	김의경	황시원	송지혜	한고은	김민영		
강유진	김보경	김보배	김윤철	김은선	김은행	김태연	김효정
박 경	박선경	박유상	박혜진	신상원	유리나	유정은	윤선희
이경란	이경수	이소영	이수미	이여신	이원진	이현정	이효진
정지윤	정진석	조고은	조희숙	최소영	최예정	최인수	한수정
홍유성	황윤정	황정안	황혜영				

문해력 잡는 초등 어휘력 C-3 단계

글 황시원 송선경 신상희 이정희
그림 쌈팍 서춘경
기획 개발 정춘수

1판 1쇄 인쇄 2025년 1월 16일
1판 1쇄 발행 2025년 1월 31일

펴낸이 김영곤 **펴낸곳** ㈜북이십일 아울북
프로젝트2팀 김은영 권정화 김지수 이은영 우경진 오지애 최윤아
아동마케팅팀 명인수 손용우 양슬기 이주은 최유성
영업팀 변유경 한충희 장철용 강경남 김도연 황성진
표지디자인 박지영 임민지

출판등록 2000년 5월 6일 제406-2003-061호
주소 (우 10881) 경기도 파주시 문발동 회동길 201
연락처 031-955-2100(대표) 031-955-2122(팩스)
홈페이지 www.book21.com

ISBN 979-11-7357-053-7
ISBN 979-11-7357-036-0 (세트)

* 책값은 뒤표지에 있습니다.
* 이 책 내용의 일부 또는 전부를 재사용하려면 반드시 ㈜북이십일의 동의를 얻어야 합니다.
* 잘못 만들어진 책은 구입하신 서점에서 교환해 드립니다.

KC	
• 제조자명 : ㈜북이십일	• 제조연월 : 2025. 01. 31.
• 주소 : 경기도 파주시 회동길 201(문발동)	• 제조국명 : 대한민국
• 전화번호 : 031-955-2100	• 사용연령 : 3세 이상 어린이 제품